優渥叢書

「財經部落客」夏綠蒂的

ETF商學院
教你用一支股
賺3850萬

U0072611

只要一年買一次，
保證避開地雷股的周公投資法！

夏綠蒂◎著

CONTENTS

CONTENTS

作者序

沒有奇蹟，只有累積

夏綠蒂

　　Hi 大家好！我是夏綠蒂，大學時就讀會計系，畢業後任職於全球最大的會計師事務所，常有機會查看許多上市櫃公司的財務報表，對於財報算滿熟悉的，因而也累積查帳的經驗背景。因此當我之後踏入股市，肯定就是先從理解基本面開始，先看看公司的財報了解營收、風險等之後，才會安心投入。

　　然而事務所上班非常的忙碌，幾乎是每天加班，沒有時間可以好好的了解一間企業，更別說盯盤。不過幸好我本身還算熱愛學習，這都要歸功於小時候媽媽的教育。媽媽常會帶我看故事書，也因此養成我喜歡閱讀的習慣。這樣的習慣延續到長大，即便在會計師事務所勞累的辦公，我依舊會利用通勤、睡前的零碎時間看書、聽 Procast，透過零碎的學習時間，後來發現了「被動投資」這種投資概念，自己操作實證後，這真的是一項輕鬆又有效的投資方法，非常適用上班族與投資新手。

投入被動投資，讓報酬率跟隨國家經濟一起成長

　　被動投資不用選擇單一個股，而是一次持有大量的優質企業，

長期下來讓資產隨著國家經濟、公司發展一起成長。因為我有著會計師事務所的理性腦袋，當然一開始不會直接貿然相信，一定要講求數據分析。我用了 Excel 計算規劃，針對台股與美股的指數型股票基金回測，發現買進整個國家或數個國家的大盤的 ETF，長期都是上漲的，即便是經歷金融海嘯、歐債危機、新冠肺炎等全球性的風暴，股價暫時跌落，但還是會反彈。長期上揚的趨勢其實就是股市的特性，只要選對了好市場，那麼面對短期股市的修正也不用太過擔心。

然後又假設我是地獄倒楣鬼，每年元大台灣 50（0050）這檔都買在最高點，中間一樣經歷各種金融危機。驚訝的是，過了 10 年後報酬率依舊是正數，更加讓我堅信這套方法很有效。接著我繼續算，定期定額投入會如何？假設 25 歲開始每個月投入一萬元到 0050，結果發現到了 45 歲，我就可以每個月從股市提領 4 萬元當生活費，直到 100 歲都沒問題。因此我得到一個結論：越早把資金投入買進大盤的 ETF，跟著國家經濟一起成長，平凡人也能達到財富自由。

啟動投資第一步：先建立正確財商知識

近年台股大漲，投入股市的投資人越來越多，身旁的親友也紛紛詢問該怎麼選股，我發現好難用財報向他們解釋，新手甚至連財報在哪裡找都不知道，所以我只推薦被動投資。而在投資之前，我認為有正確的財商知識更是重要，這樣才能一路上走在正

確的軌道上，這些想法驅動了這本書的誕生。

　　這本書先給你正確的財商，例如：我們不該追著錢跑，應該要提升的是本身專業能力，這樣才有機會加薪；提升理財知識，這樣才不會被騙；提升寫作的次數，讓自己學到的內容有 Output，印象會更深刻。用這個邏輯去思考，可以舉一反三運用在很多面向，有了正確的觀念，金錢就會主動接近你了。

　　另外一部分是分享投資台股與美股的 ETF，以及資產配置。用簡單的「股、債」打造出符合自己的股市方程式，讓優秀的企業幫我們把財富綿延不絕的增長。當然這套方法沒有辦法快速致富，然而我已經幫大家用 Excel 詳細計算過了，穩定的資產增加是沒有問題的，而且不需要花費時間盯盤、也不需要看財報，只要有足夠的信念，有紀律的執行，長期下來就會產生複利效果，讓我們一起將財富的雪球越滾越大吧！

Part 1

為什麼要學投資？

你的錢放在哪，決定你是窮人還是富人命！

　　在電視上看過牛仔騎在牛背上的競賽，牛一出閘就瘋狂的上下舞動，一心只想把背上的人甩下去。這競賽規定：牛仔必須單手握住韁繩，並且維持 8 秒以上、讓裁判評分，這競賽考驗的不單只是蠻力，而是如何讓自己如何隨牛上下抖動，將身體與牛的舞動力道融合在一起，減少相互對抗的力度。

　　投資市場也是這樣，投資人要融入股市的大幅波動，投資人就是牛仔，股市就是瘋狂的牛，大家都知道巴菲特是投資高手，他的訣竅之一就是將自己融入在不理性的股市中。巴菲特到底是怎麼做的呢？又為什麼要這樣做呢？**他曾說：「寧可忍受股市的顛簸賺 15%，也遠比穩定賺取 12% 獲利好」，而這句話的重點就在於 72 法則。**

● 「72 法則」是什麼？

　　持續投資下，我的資產到底什麼時候可以翻倍？這是許多投資人關心的議題。快速運用 72 法則，便可以知道需要多少的時間讓資產翻倍。

所謂的 72 法則就是分子是 72，分母是報酬率，算出來的結果就是投資需要翻倍的年數。

---

72 法則：快速算出資產翻倍的時間

$$\frac{72}{\text{報酬率}} = \text{資產翻倍的年數}$$

● 大於 5％投報率的差距，20 年下來財富卻差了 100％

一年投資報酬率差 5％可能還好，20 年下來卻有不得了的差距，以下就用「72 法則」算給大家看。我們用以下的例子讓你一目了然。阿花與小草是同事，兩個人都各自有 100 萬元想要投資，並預計 20 年後，拿著 100 萬所獲利的金額過著退休生活。但是阿花比較保守，不喜歡波動太大，因此投資穩健標的，每年報酬率 10％；小草則是相反，即便知道會受到劇烈的股市波動，但仍想要報酬率高一點達 15％。

　　那麼，到底 20 年後，阿花與小草的財富各是多少呢？再複習一下「**72 法則的公式：72/ 報酬率**」，算出來的結果就是投資需要翻倍的年數。兩人 20 年後的獲利如下：

【**阿花：本金 100 萬，投報率 10%，投資時間 20 年**】

72/10 ＝ 7.2 →代表 7.2 年本金翻一倍

7.2 年翻 1 倍，20 年會翻 20/7.2 約莫 3 次，

本金大概翻倍 2×2×2 ＝ 8 倍，

也就是原本本金 100 萬會變成 800 萬。

【**小草：本金 100 萬，投報率 15%，投資時間 20 年**】

72/15 ＝ 4.8 →代表 4.8 年本金翻一倍

4.8 年翻 1 倍，20 年會翻 20/4.8 約莫 4 次，

本金大概翻倍 2×2×2×2 ＝ 16 倍，

也就是原本本金 100 萬會變成 1,600 萬！

【**小結論**】
20 年後兩人差距 800 萬，相當於 100%的差異！

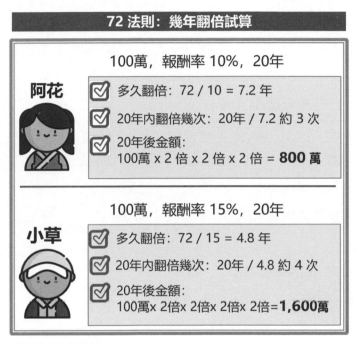

（圖片來源：夏綠蒂製作）

● 存款放銀行與投資股市的差異

　　上面的例子，報酬率差距僅 5％，本金一樣都 100 萬，但長期下來投資金額卻差了 1 倍，非常驚人。所以為什麼巴菲特會成為股神，因為他很清楚最後的結果會是十分豐碩，忍一時股市顛簸，可以獲得優於市場的報酬。

　　但很可惜的是，很多人都深知這個道理，卻沒有忍受股市震盪的能耐，只會把存款放到銀行或是儲蓄險保單，一年報酬率大概 1％。若能放在股市，例如元大台灣 50（0050）這樣的指數型

基金，考慮股災、經濟不好等因素，保守估計每年報酬率大概有 6％，用 72 法則算一下，本金 100 萬，20 年後差了多少？

【銀行定存報酬率 1%】

72/1 = 72 →代表 72 年本金翻一倍

72 年翻 1 倍，20 年會翻 20/72 約莫 0.27 次，

本金大概翻倍 2 的 0.27 次方＝ 1.2 倍，

也就是原本本金 100 萬會變成 120 萬

【0050 報酬率 6%】

72/6 = 12 →代表 12 年本金翻一倍

12 年翻 1 倍，20 年會翻 20/12 約莫 2 次，

本金大概翻倍 2 的 2 次方＝ 4 倍，

也就是原本本金 100 萬會變成 400 萬

【小結論】

如果傻傻存定存 100 萬，20 年後才增加 20 萬，

忍受一點股市震幅投資 0050，

20 年後，100 萬變成 400 萬

這邊要提醒一下，若是投資個股，不一定能長期獲利，因此這邊的舉例，是以被動投資的指數型股票基金，例如0050、VT（Vanguard Total World Stock ETF，全球型ETF）作為投資標的。

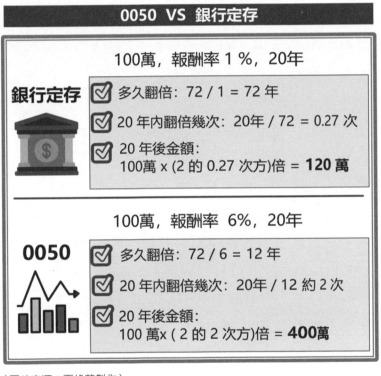

（圖片來源：夏綠蒂製作）

● 為什麼巴菲特願意忍受股市的顛簸？

以巴菲特投資持有的美國運通公司（AXP）為例，從2000年以來，美國運通出現2次超過60%的震盪，分別是2000年10月

2 日股價從 55 美元跌到 22 美元，跌幅 60％，那時是經歷了高科技泡沫。另外一次是金融海嘯席捲全球股市，2007 年開始股價從 65 美元跌到 2008 年 17 美元，跌幅高達 73.85％。金融海嘯過後，股價從底部直竄，從 12 美元漲到 2014 年近 96 美元，漲幅高達 7 倍！如果是你，敢持有波動這麼大的股票嗎？一般投資人通常會在股價下跌 20％就受不了趕快賣出了，這樣的話，便享受不到後續 7 倍的漲幅了。

　　巴菲特在股價跌到谷底的時候，沒有賣出任何一股，因為巴菲特知道報酬率只要多一點點，多年累積下來就會比一般人得到更豐收的報酬，所以會忍受投資過程中的不適，長期下來獲利可觀，也成了人人皆知的股神。因此，不管是 3％、5％，看似小小差距，但長年累積下來，總資產會差很多，甚至是好幾倍都有可能。巴菲特深諳此道理，所以遇到股市不理性的下跌，也不會賣股票，當然前提是所持有的是好股票。

　　那一般投資人不會選股怎麼辦？其實可以投資 0050 指數型基金，它網羅了台灣前 50 大的公司，從 2003 年計算至 2021 年，每年報酬率 8 ～ 9％左右，一定比將錢放在銀行定存或是買儲蓄險保單 1％好，所以 20 年後若想要比別人多賺好幾倍的投資金額，別再把錢放定存了，投到股市買 0050 吧！寧願忍受一點股市的波動，也不要穩定的銀行利息，數據已經證實，多一點點的報酬率，最終結果卻是大大不同。

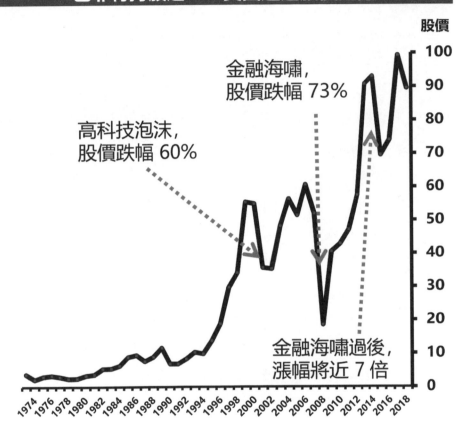

巴菲特持股之一：美國運通股價走勢

股價

高科技泡沫，
股價跌幅 60%

金融海嘯，
股價跌幅 73%

金融海嘯過後，
漲幅將近 7 倍

（資料來源：CMoney 法人決策系統，圖片來源：夏綠蒂製作）

靠投資，讓你 60 歲後 不會成為下流老人！

● 你未來會成為「下流老人」嗎？

「下流老人」這 4 個字相信很多人都聽過，這是日本學者藤田孝典在著作中所提出。會出現這個名詞，是因為日本越來越多大量過著中下階層生活的老人，主要是因為年金制度崩壞、長期照護人力嚴重不足等，而且未來下流老人的數量只會增加不會減少。很多人會想說，一定是這些人年輕時花錢太揮霍，才會導致年老的生活品質很差，但其實，很多人年收入百萬，晚年也可能會成為「又老又窮」的高齡者。為什麼會這樣，有幾個原因：

（1）存款太少：收入太低、支出太高。

（2）啃老族：長年在父母的照護下，將薪水拿去享受，一旦父母離世，這些啃老族有可能會成為社會最低層的下流老人。

（3）少子化：醫療與照護成本提高。

● 台灣也朝向下流老人的環境！

　　台灣的狀況與日本相似，年輕人薪水不多、少子化使得老後的照護人力減少。根據國家發展委員會的人口統計，老年人口於2017年起超越幼年人口，預估2029年，老年人口將達幼年人口的2倍！也就是說，屆時需要有更多人力投入照護產業。

　　身為三明治的青壯年，上有父母，下有小孩，需要準備更多錢扶養年邁的父母，以及嗷嗷待哺的孩兒，別忘了，自己也要存足夠的退休金。高支出的情況下，很多人的存款都是不夠的，因此台灣出現下流老人的機率跟日本一樣只會越來越高。

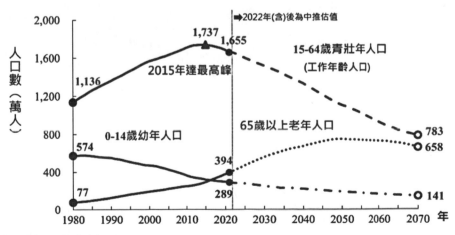

預估 2029 年，老年人口將達幼年人口的 2 倍

（資料來源：國發會）

● 平均壽命遞增，造成活越久越窮？

　　人口壽命越來越長，根據內政部統計處報告，台灣人民壽命不斷增長，而且又高於全球平均水準，已經屬於是高齡化社會了！而且不論是男是女，每經過 10 年的時間，壽命都增加 2 歲，隨著醫療水準提升、重視食品安全及運動風氣盛行等，平均壽命長期呈現上升趨勢。這時候有什麼問題產生呢？假如你 65 歲從職場退休，80 歲去見上帝，這中間有 15 年沒有薪水，該怎麼養老呢？**而且更可怕的一點是：平均壽命一直增加，等到你真正去見上帝時，平均壽命也不止 80 歲了。**

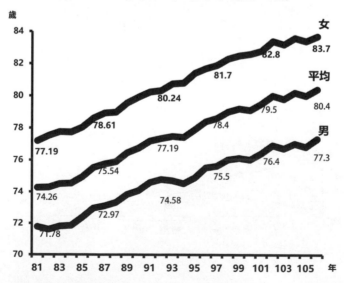

（資料來源：內政部統計處，圖片來源：夏綠蒂自製）

● 你退休的時候，平均年齡將近 100 歲！

　　以 2017 年為基準，平均壽命為 80 歲，每經過 10 年，會多活 2 歲，所以現在剛出生的嬰兒，變成 80 歲的老人的時候，平均壽命會增加 16 歲，（80 年 / 每經過 10 年 ×2 歲），也就是大概會活到 96 歲！（80 ＋ 16 ＝ 96），**所以未來「百歲人瑞」一起開同學會，會是一件很常見的事情！**

身分	現在年齡	106年平均壽命	各年齡層的平均壽命會「增加的歲數」（註）	屆時平均壽命
嬰兒	0歲		增加16歲	96歲
大學生	20歲		增加12歲	92歲
年輕人	30歲	80歲	增加10歲	90歲
壯年人	40歲		增加8歲	88歲
退休族	60歲		增加4歲	84歲

註：以 106 年平均壽命 80 歲為基準，計算會增加的歲數
嬰兒---﹥經過 80 年之後，每 10 年增加平均壽命 2 歲，
所以總共會增加 80 年/ 10 年* 2 歲 = 16 歲

資料來源：內政部　　　資料推估：夏綠蒂

● 要如何存到足夠的退休金？

　　假如你是 30 歲年輕人，以後平均會活到 90 歲，60 歲退休後，到 90 歲還有 30 年的時間，也就是你必須要準備 30 年的生活費，不然只有 2 條路可以選擇：

1. 成為下流老人：每天只吃一餐，去超市買即期食品，然後在家裡，為了省電不敢開燈。

2. 延後退休：年紀大了，能找的工作可能是保全，這類可以不用太多經驗，可以用時間換錢的工作，但是很辛苦。

以上應該都不是你想要過的生活吧？所以必須要解決每個人都會遇到的問題：**退休金！**

● 練習「1 天存 274 元，30 年後賺 1 棟房」

30 歲的時候已經有一段工作經驗了，一天存 274 元，每年存 10 萬元應該不難，台股從 2003 年開始計算到 2021 年，年化報酬率有 11.56％（含股息），我們採用保守一點以 9％計算，只要持續每年投入 10 萬到股市，享受複利的力量，30 年之後也就 60 歲了，這時候你在股市已經有 1,400 萬元。

然後根據前文所推估，現年 30 歲的年輕人，平均壽命是 90 歲，所以 60 歲退休時，有 1,400 萬的退休金可以運用到 90 歲，這幾乎是一棟房子的價格了。1,400 萬/30 年/12 個月＝3 萬 8 千元，也就是說年老之後每個月有 3 萬 8 千元資金可以生活。

你可能會想說：還有通貨膨脹耶，沒錯，但是也別忘記了，當你 60 歲的時候，每個月從 1,400 萬當中提領 3 萬 8 千元，剩餘的 1,300 多萬，會繼續複利滾存，就能對抗通膨了。

30 歲開始每年投入 10 萬在台股，年化報酬率 9%，經過 30 年複利，60 歲退休時有 1,400 萬資金			

	日期	收盤價
大盤加權	2003/01/02	4524.92
報酬指數	2021/12/31	36,138.47
	年化報酬率	11.56%

	每年投資金額	當年度餘額		每年投資金額	當年度餘額
第 1 年	100,000	109,000	第 16 年	100,000	3,597,370
第 2 年	100,000	227,810	第 17 年	100,000	4,030,134
第 3 年	100,000	357,313	第 18 年	100,000	4,501,846
第 4 年	100,000	498,471	第 19 年	100,000	5,016,012
第 5 年	100,000	652,333	第 20 年	100,000	5,576,453
第 6 年	100,000	820,043	第 21 年	100,000	6,187,334
第 7 年	100,000	1,002,847	第 22 年	100,000	6,853,194
第 8 年	100,000	1,202,104	第 23 年	100,000	7,578,981
第 9 年	100,000	1,419,293	第 24 年	100,000	8,370,090
第 10 年	100,000	1,656,029	第 25 年	100,000	9,232,398
第 11 年	100,000	1,914,072	第 26 年	100,000	10,172,313
第 12 年	100,000	2,195,338	第 27 年	100,000	11,196,822
第 13 年	100,000	2,501,919	第 28 年	100,000	12,313,536
第 14 年	100,000	2,836,092	第 29 年	100,000	13,530,754
第 15 年	100,000	3,200,340	第 30 年	100,000	14,857,522

● 台股投資 0050，是最佳選擇！

　　大盤與 0050 的相關係數高達 0.9467，當 0 ＜相關係數＜ 1 的時候，代表這兩個變數存在一定程度的相關，而且當相關係數越高，兩個變數的關係越密切。由此可知，0050 與大盤相關性高。前文中提到大盤年化報酬率（含股息）有 11.56％，所以每年投資 10 萬買進 0050，30 年後也差不多可以存 1,400 萬的退休金了。

● 美股則投資 SPY、VT，更好更安全！

　　同理，若是要投資美股也可以，指數型股票基金例如：
SPY、VT* 等，SPY 和 VT 年化報酬率（含股息）8％～ 10％左
右，讓全世界的一流公司幫你打工。

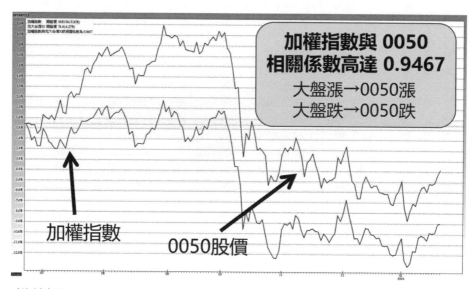

（資料來源：CMoney 法人決策系統，製圖：夏綠蒂）

---

*註：SPY（SPDR S&P500 ETF Trust，SPDR 標普 500 指數 ETF）
　　 VT（Vanguard Total World Stock ETF，全球型 ETF）

投資前，請於 30 歲前存到第一桶金！

你覺得幾歲的時候要存下第一桶金呢？這是開始工作後很多人短期的目標——存到 100 萬。根據波仕特線上市調的統計分析，有 40.1％的人認為 30 歲以前要存到，36.6％的人認為 35 歲前達標。然而實際上與理想上有段差距，只有不到 2 成的人在 30 歲以前存到 100 萬，達成率不到預期的一半。

● 存不到錢的關鍵是「你下班之後做什麼」？

為什麼有些人能做到？有些人是創業、有些人是靠投資，但請你有個認知，這些都是少數人，他們的方法不見得適用在你身上，也不好複製，沒關係，還有另外一種，除了靠上班的薪水收入之外，他們願意下班後花一點時間嘗試各式各樣的賺錢方法。在分享有哪些額外賺錢方法之前，先聽個故事吧！

有一次大學同學會，我們已經畢業 5 年了，大家聊天的話題已經從學生時期的「中午吃什麼、下午考中級會計學哪個章節」，轉變成「現在工作如何、要結婚了沒？」等等。然後有位同學好奇，現在大家已經 27、28 歲，邁入 3 字頭之前有多少人存到第一

桶金了？

　　小詠說：「以我們這個年紀太難了吧，我哥快 40 歲單身且住家裡，也都還沒存到。」

　　阿傑說：「重點是要看下班之後做什麼。」

　　小詠說：「我哥下班就買外食回家吃看電視，不過他物質慾望是比較高，假日常常吃大餐。」

　　Fish 說：「30 歲之前存 100 萬，等於 7 年內每個月要存下 1 萬 2 千元，有難度耶！」

　　從這段對話，你有領悟到什麼嗎？「重點是要看下班之後做什麼」，這句話又是什麼意思呢？

1. 哥哥重視物質享樂，例如：手機每年換新款、三餐吃很好、花費不少、愛出國且費用都不低。
2. 哥哥住家裡不用繳房租房貸，卻沒有好好運用這優勢。
3. 哥哥下班後看電視，沒有做點充實自己或更精進的事情。
4. 存到 100 萬不能只靠薪水收入。
5. 下班後做什麼？看書、學習、經營副業、認識高手等，很重要。

　　一般上班族一天賣 8 小時給公司，一個月賺固定薪水，一輩子大概賺多少計算得出來，若不想要人生可被數字量化，那麼下班後做什麼事真的很重要。

● 在 30 歲前存下第一桶金的建議方案！

　　走哪一條路回家，決定你之後站在哪裡。如果是回家追劇打電動，那可能就是一輩子領一樣的工資；如果是下班後去學英文、學專業知識，那你本業會加薪的機率很大；如果是下班後經營副業，進行微創業，那未來肯定會賺更多錢。以下提供幾個方法，你選擇適合自己的去嘗試，記得要去做，Do it！

☞ 二房東

　　居住是人類最基本的需求之一，北漂的年輕人、出外讀書的學生、新婚要搬出父母家裡的夫婦等等，都需要找個房子住，成為二房東可以讓你有得住又省錢。我自己有嘗試過：在台北市找到一個三房兩衛的公寓，租金低於行情，看一下附近生活機能很不錯，有菜市場、圖書館、牙科診所、飲料店等，走路離捷運站 8 分鐘，我早上和房東約看房，下午就決定簽約，其中一個房間自己住，另兩間分租出去，租金加水電一個月大概 3,000～4,000 元，比起外面租一間雅房 7,000 元或是套房 1 萬 2 千元，著實省了不少，再加上有廚房，我習慣自己下班簡單煮個晚餐，伙食費也省了一些。

　　我有個朋友更厲害，他找一間 3 房公寓空屋，一個月租金 1 萬 5 千元，在每間房間添加二手家具，例如：床、桌子、電視、小冰箱，佈置的很舒服。再分別出租 8,000 元～ 1 萬不等，然後在客廳又簡單隔成一個空間，等於一共有 4 個空間出租。當然客

廳的空間設備和隔音比較差，租金就比較便宜。這個做法要注意的是，跟房東簽約時間要長一點，至少 3 年才划算，如此自己購置的家具成本才能回收。

☞ 從專業與興趣衍生

把你的專業與興趣變現，例如英文能力很厲害，可以當家教、開線上課程；有人喜歡看房，那就可以把房地產的資訊整理好，再出售給買方群組；喜歡旅遊，可以跟民宿老闆談大量低價的住宿讓朋友團購。再不知道該怎麼做，那就從 YouTube 或部落格開始。各種專業或興趣，只要有價值，就分享出來。

以我為例，當初會成立粉專，是因為朋友一句話：「你都在寫文章了，就順便成立粉專啊！」就這樣，誤打誤撞到現在，而且與其說我是提供價值，倒不如說我被「環境綁架」，有粉專會逼自己去思考且更加成長，然後分享好的內容，形成正循環。這個可以怎麼獲利？例如有些人每天在 IG post 簡單食譜分享，照片好看再加上文字說明，一步驟、一步驟示範做菜，漸漸的會有廠商邀約試吃開箱、業配等等。不過這一項副業初期甚至中期收入都會很少，需要花時間每天經營，但只要時間累積夠久，收入會愈來愈高。

☞ 外送員

我之前建議朋友試著去做點增加第二收入的事情，他回說：「我就沒有專長阿，怎麼賺錢？」我說那你總會騎車吧。現在外送平台很多，你可以申請成為其中一員，晚上及假日花數個小時去跑單，一個月幫自己加薪數千元。

　　常聽到輿論抱怨現在薪水低、物價高，如同《雙城記》中的名言：「這是最好的時代，也是最壞的時代。」我則是會想把順序調換，「這是最壞的時代，也是最好的時代。」每一個年代都有該年代遇到的問題，相對的也有新的機會出現。好比外送平台是這幾年才興起的工作，在我們父母年代是沒有、也無法想像的職業，因此在低薪的壞時代，透過努力與自我要求，也能創造自己的好時代。

　　「目標刻在石頭上，方法寫在沙灘上」，若真的有決心要賺錢，存下第一桶、第二桶、第三桶金的方法有百百種。條條道路通羅馬，在不觸犯法律、不違反善良風俗，你一定會找到出路。

Part 2

給你 **4** 個正確的
投資觀念！

什麼是財富自由？
是越多錢嗎？錯！

「你為什麼要學投資？」

「當然是因為要財富自由啊！」

之前我在粉絲專頁提問過這議題，許多人的回答都是想要財富自由。也發現身旁的朋友，目標都是財富自由，才開始接觸房地產、股票、期貨等等，把財富自由變成人生勝利組的最終要素。

我第一次看到「財富自由」這 4 個字時，深深著迷，可以不用工作又有收入該有多好啊，直到我看到《通往財富自由之路》這本書，又有了更深一層的體悟，原來財富自由的真諦是「自由」，而非財富。

● 你是否盲目的追求財富自由？

財富自由這 4 個字還真的充滿無限的魅力，不管年齡老少都想要追求，更是許多年輕人嚮往的目標，想要「賺很多錢卻不用工作」。於是許多社群媒體、廣告文宣都打著這 4 個字的名號，然後搭配數張圖片，內容可能是跑車、一大堆錢，吸引大眾投入不安全的投資標的。

例如宣稱：「我每月給你 10％的報酬率，1 年就有 120％，你只要投資 10 萬，一年後賺到 120 萬，資產翻倍耶！」，用盡各種話術，跟你說短期內就能夠快速財富自由了。然而這是許多騙局的開端，你要他的利，他卻要你的本。

● 高額利潤的背後——以鴻源案為例

以前我看過一部偶像劇，講述 70 年代的事件，劇中的媽媽為了減輕家中的負擔，將大部分的存款投入到當時很紅的鴻源投資公司，最後是血本無歸，這引發我的好奇心，搜尋了一下有關鴻源案的事件，真的是標準的用高額利息，洗腦民眾的案例，好囉，故事開始……

在 1981 年，有一間投資公司名為鴻源，但實際上是老鼠會，號稱提供每月 4％，一年拿到 48％的高額利息，大約兩年本金就翻倍。而 70 年代郵局一年期定存利率，約為 6％～9％之間，於是，鴻源很快就成為民眾眼中的「金雞母」。你可能會覺得很奇怪，這一看就知道怪怪的，怎麼會有那麼多人相信。鴻源厲害的是，一開始真的讓投資人收到利息，民眾漸漸產生了信任。

但是非法的事情，總有一天會露出馬腳，好比「當音樂停止時，誰還在舞台上」，音樂持續播放，人人都在舞池上狂歡，頓時音樂戛然停止，來不及退場的，恐要摔了一身。

數年後，1989 年立法院修法，政府機關強力稽查地下投資公司，使得鴻源發生擠兌風暴，超過 16 萬人賠光積蓄，最終非法吸

收了近新台幣 1,000 億元，但處理資產時只拿回 40 億元，投資人欲哭無淚，許多人甚至賠上畢生積蓄，其中不乏高知識份子也淪陷，包括教師、公務人員等。

日期	郵局一年定存利率
83/04/15	7.400 %
82/09/15	7.650 %
81/10/29	7.900 %
81/04/13	8.000 %
81/01/10	8.100 %
80/11/20	8.350 %
80/09/26	8.875 %
80/09/13	9.125 %
80/07/20	9.375 %
78/08/25	9.500 %
78/05/12	9.250 %
78/04/24	8.000 %

70 年代一年期定存利率約為 7%~9%

● 不準確的定義，影響你的行為不正確

大多數人對財富自由定義是：賺很多錢不用工作。但是從鴻源案我們知道，並非如此。即便現在主管機關較嚴格，民眾的風險意識層面也提高，明白吸金的可怕，不會輕易接觸，但還是有可能會有以下不準確的行為：

- 每月花 5 萬參加投顧聽名牌，不清楚股票，最後自己卻套牢。
- 想要炒房，卻不了解市場上行情，一生背著高壓房貸或是只能默默地賠售。
- 道聽塗說亂買外幣、垃圾債等等。

最後，會發現**不準確的定義「財富自由」這個詞，反而賺的錢不多，自己只會一直盯著錢看，拚命賺低效的錢，甚至還虧損。**另外，我遇過一些朋友有點鄙視財富自由，他們的論點是：

「如果我財富自由，不用工作這樣太無聊了」、「滿口財富自由的人都是好吃懶惰的人」。

諸如此類的說法，但，真的如他們所說的這樣嗎？讓我們繼續看下去……

● 財富自由的定義是什麼？

一開頭我有提到，我看了《通往財富自由之路》這本書，有

了更多的體悟，書中的定義是：「再也不用為了滿足生活所需，出售自己的時間」，如果有足夠的被動收入可以支撐我們的生活花費，我還是想要去工作，為社會做出一點貢獻，這樣也行。又或者，這時選擇不去工作，回家陪伴家人，也是很棒的。

語言學家說：「**如果我們對一件事情沒有概念，那麼大腦便不會去思考那件事情。**」

所以當我們對「財富自由」沒有正確的認知，大腦就不會叫身體去追求這個目標，相對地，一旦有錯誤的認知，大腦就會叫身體去做不對的事情。這也是之所以大部分的人無法離「財富自由」更近的原因，因為就像無頭蒼蠅一樣，到處亂碰撞，自己要什麼都不曉得。

● 要打開財富自由的門，鑰匙並非「金錢」

財富自由的核心不是錢，要將注意力從錢本身移開，因為解決方案在其他地方，對於財富自由我們有了正確的觀念，就會採取正確的行動，例如：

• 台股大盤年化報酬率 2003 ～ 2021 年大概 11.56％，若遇到像「鴻源案」的投報率是 48％，便知道是不合理的事情。

• 多認識各行各業厲害的人，學習不同的思維。

• 本金要累積變多，該做的是提升能力，透過提高自身的價值增加收入。

6 個提問，解答你如何做到財富自由！

問題 1：怎麼樣算是財富自由？

一般人對於財富自由的認知可能是不需要上班、有很多錢花，在《通往財富自由之路》書中，很明確的定義財富自由：「再也不需要為了生活所需，出售自己的時間」，是個相當具體的解釋，財富自由之後也可以選擇上班，這本書去年看完之後我非常推薦，書名是《通往財富自由之路》，但內容講投資的部分卻非常少，因為財富自由的秘訣就是不要追著錢跑，而是要增進自己的能力、善用時間等等。

問題 2：怎麼提高自己的收入？

我認為，等級 1 是提高自己時間單價，等級 2 是將自己的時間重複出售多次，等級 3 是做時間的商人。現在法定每月最低基本工資是 25,250 元（2022 年 1 月調整），你有沒有辦法提高自己的薪資呢？

再高一點的等級是：去做「做一次工，收入無限多次」的事情，舉例來說，工程師可以寫 App，只要花一次時間、一次精力寫完。上架之後，後續不管多少人買，工程師都不用一直付出心力在

App 上面，也許偶爾需要啦，像是後續的維護更新，但會相對輕鬆些，不用像開發一樣勞心勞力。

第 3 個等級通常是指老闆，因為老闆花錢請員工幫他做事，也就是買下員工的時間，現在最夯的 Ubereats 也是，少少的錢請人幫你買東西送到家，節省出門及排隊交通時間，把這些時間拿來充實自己，也算是這個等級的運用。

問題 3：我很忙沒有時間，怎麼改善自己的財務？

這讓我想到大部分的人都是在做「不重要但緊急的事情」以及「重要且緊急的事情」，前者的事情通常都是幫他人做事，例如：工程師會修電腦，朋友三不五時就抱著主機請工程師修理；後者的事情例如開會、回覆 Email，最後導致整天很忙，但又好像沒做出有意義的事情，成了瞎忙。你沒有時間學投資理財，最大的問題是做了很多瞎忙又無法提升自我的事情，應該減少處理雜事的時間，而增加對自我成長有幫助的事情。

問題 4：投資新手最重要的建議

我自己認為新手最重要的事情是，先看 10 本投資相關書籍，有基礎知識之後，拿一點小錢真實的投入到股市，體驗股市波動，不要紙上談兵，才會促使自己主動學習投資，能力也就能再提升，投資績效也會更好，呈現正循環。

問題 5：想要成功，該怎麼做？

　　企業家傳記、名人採訪都會詢問成功人士：「成功的祕訣是什麼？」小時候我認為：「怎麼會都把自己成功的秘密跟大眾說？」長大了之後才發現，即便講了，願意去做的人少之又少，我統整出了成功人士有 2 項通用秘訣：「定期運動與持續學習」。不論是一週打球 3 次還是每天健走，最難的是有紀律的執行，運動能讓我們有健康的身體和清晰的腦袋，對於做任何事情與決策都有所幫助。

　　《通往財富自由之路》的作者李笑來說，他一輩子只有一個身分：學生。學習、學習再學習是他的座右銘，也是成功法則。股神巴菲特的合夥人查理蒙格曾經是律師，他認為：「誰是我最有價值的客戶？我認為是我自己。」因此決定每天出售一個小時給自己，花費在學習上，投資自己永遠不會賠，只會覺得當初怎麼不早點開始！

　　我另外再分享個成功故事：

　　中國大陸知名的叫車服務「滴滴打車」（後來更名為滴滴出行），類似台灣的 55688 台灣大車隊，滴滴出行現在是 Uber 的全球戰略夥伴，滴滴出行以換股的方式收購 Uber 中國的品牌、業務、資料等。

　　創辦人程維，有一次在北京下著雪寒冷的冬天，他的厚外套也抵擋不了寒風刺骨，然而等待計程車的人大排長龍，他只能不斷的焦慮發抖，乞求趕快搭上車回到溫暖的家，這件事激勵了他想要減輕民眾叫車等待的苦楚，決定離開當時任職的公司阿里巴

巴，創建滴滴打車的叫車服務。我自己在大陸有用過滴滴打車，讓我驚豔的是很快速就能叫到車，且定位明確，司機也準時抵達。在台灣搭車，過去有不少經驗是定位不準確、還得常常跟司機大哥通話說明所在位置，用滴滴打車完全不需要，只要點一點 APP，就能快速上車了。

除了成為 Uber 的戰略夥伴，後來甚至向美國 SEC（美國證券交易委員會）遞交上市申請，會有如此成功的今天，程維曾說：「重複的經驗做十年是沒有累積的，社會變化十分快速，需要我們培養敏捷的學習能力」。

問題 6：目標好難，做得到嗎？

目標就像是遊戲中的闖關，不可能一開始就去攻打魔王，先從蝦兵蝦將一個個擊破，把目標拆分成更多的小目標，一步步完成，且當你有「贏的體驗」，也會更有信心去完成更大的願景。

以買房為例：在雙北買一間房至少要 1,500 萬，然而主計處數據顯示平均年薪約只有 50 萬，難怪高房價一直是年輕人的惡夢。難道我們只能當躺平族嗎？不，有目標是好事，接下來就拆分成一小步、一小步來完成吧。

目標可以改買 1 千萬的中古屋，頭期款 2 百萬、設定 5 年達到，那麼一年得存 40 萬。雙薪夫妻家庭平均收入為 100 萬，儲蓄率 25%、每年可存 25 萬，距離應存的 40 萬還有 15 萬缺口，所以平均每月得想辦法多賺 12,500 元。例如兼差當外送員、家教等，便能年存 40 萬，5 年後擁有 200 萬頭期款！

別把注意力放在錢上面，
而是讓錢來追你！

● **當你遇到一扇門被鎖著，你應該去哪裡找鑰匙？**

以前有次跟老闆開會時，老闆提到：「**一扇門被鎖了，鑰匙一定不在門孔上**」，碰巧的是，隔天我在看李笑來的著作《通往財富自由之路》，隨手一翻，竟然也看到一樣的話。這本書我大致上看完了，大概有 500 頁，內容很多，所以常常會回頭再翻一下內文，看到這一章節，又有不一樣的體悟。那麼現在就跟著夏綠蒂，帶你一起去找鑰匙在哪裡，找到後，對你的未來投資操作，相信會有很大的幫助。

● **門被鎖了，怎麼辦？**

顯然不能盯著鎖頭看，對吧？若門孔插著一把鑰匙，鎖頭就能轉開了，不是嗎？之所以打不開那扇門，就是因為它是上了鎖的，而**能打開門的鑰匙，一定在別的地方**！當我們遇到任何問題，也是一樣的道理，問題就像是被鎖住的門，解決方案就像鑰匙，一定不會在門孔上插著，而是在其他地方，所以要嘗試解決任何

問題的時候，如果只盯著問題看、只盯著問題找答案，通常都會無奈告終。

● 將注意力從問題本身移開，因為解決方案在他地

桌上的水杯空了，這時你也口渴了，你會怎麼做？一定不會盯著水杯看，一直想水杯沒有水了怎麼辦，而是會拿著杯子，到飲水機裝滿水，才能解決你口渴的問題。那存款空了怎麼辦？存款太少是一扇被鎖住的門，必須要找到鑰匙，與其抱怨薪資太低，更應該增加自己的能力，讓自己配得上高薪資，或是學習投資、創造副業等增加第二份收入。

賺錢這事也是一樣，民間俗語已經告訴你：「人兩隻腳，錢四隻腳」，這句話很多人無法理解，因為大多數的人還是習慣去「追錢」，薪水太低，就換一間公司；不能報加班費，就換一間公司；看到同業公司年終獎金發 5 個月，覺得眼紅也想要跳槽，職場生涯往往常在換工作，但這不是解決問題的根本。

● 盯著自己的能力看，才是真正通往答案的鑰匙！

李笑來是「得到 App」中一位有名的專欄作家，這幾年靠著「寫字」賺得很多錢，他分享：「我早在 2005 年的時候就開始在網路上寫文章，當時『寫字』根本賺不了錢」10 多年過去，互聯網連接了所有人，突然之間，文章的內容可以變現。像「得到」

這樣需要付費的 App 或是平台，已經越來越多消費者接受、並願意掏出腰包付費了。

　　李笑來是善於創作又精通傳播的人，也因此賺到了錢，但是在這一切的背後，還是要歸咎那一把「萬用鑰匙」，別只盯著錢看，解決方案一定在其他地方。

　　李笑來認定能力更重要，**盯著自己的能力看，看著自己的能力成長，才是真正的鑰匙！**

　　在股市裡面，如果每天只會到處問明牌，就像只是盯著被鎖住的門，希望有人幫你開啟，然後期待能順遂地一路通往致富之路。但「鑰匙」得靠自己找出來，例如：學習正確的理財知識、和投資高手交流、參加股東會更了解一間企業等，這些才是真正可打開財富大門的正確鑰匙。

閱讀，讓你的投資 少走很多冤枉路！

● 投資報酬率最高的事情是閱讀！

這一兩年股市大漲，身旁有不少朋友才開始踏入股市，他們常把投資當成簡單的事情，每天想著賺幾百元、幾千元就能不工作，小心翼翼提著自己小小的本金在股市闖蕩，一開盤就隨著股價波動而煩惱，把投資股票視為人生唯一的目標。

根據證交所最新統計，2020 年新增開戶人數達 67 萬人，總開戶人數超過 1,100 萬，以國內人口來看，差不多有一半的人有開戶，而其中 30 歲以下投資人數也創新高。

厲害的投資人都會持續看書學習，讓自己不斷的成長，更何況是新手，踏入股市前一定要先閱讀投資知識，才開始買進股票，所以投資報酬率最高的事情，就是先「投資自己」。投資自己大家都知道的就是看書、聽演講等等，但是在這之前我認為更重要的是管理好自己，時間分配得宜，才能去做更多有效的事情。

● 時間的四象限

2021 年疫情影響，許多企業執行居家辦公（Work From Home），在家的時間長且誘惑多，難免會分心：工作到一半去廚房開個冰箱拿罐飲料；少了通勤時間決定好好看書，殊不知變成多看了半小時的 YouTube 影片，任何一丁點時間總是這樣不經意的從手指縫溜走了，結果就是一件事都沒能好好完成。

時間是無法管理的，你不能叫他暫停或倒退，因此所謂的時間管理，最基本的是管理好自己，將手上的事情分類，美國第 34 任總統艾森豪提出了一個好用有效的方法──時間四象限。

下圖中有四個象限，分別是：

（1）重要且緊急

（2）重要不緊急

（3）不重要不緊急

（4）不重要但緊急

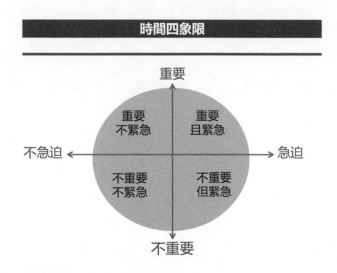

● 你會先做哪一件事情？

有 8 成的人都會選重要且緊急的事做，例如：開會、回覆客戶 Email、準備明天英文小考等，這些事情在 10 年後看起來似乎都沒有太大意義，但會使你變成無頭蒼蠅，整天很忙但沒有一個好的成果。關於「自己的事情」你應該要注意的是「重要但不緊急」，這些事情的特徵是，對你來說很重要，此時不做也沒有影響，好比：每天運動、學投資理財等。這些事會讓人放棄的原因是，沒有辦法即時看到效果，都需要靠時間的累積才有成效。

至於該怎麼判斷，什麼事情是「重要不緊急」的呢？我提供一個小秘訣，想想看做這件事情對你 10 年後有沒有好的發展，學習投資就是可以優化自己人生的事情，懂得正確財商觀念與投資方法，讓資產翻倍、生活品質提升。

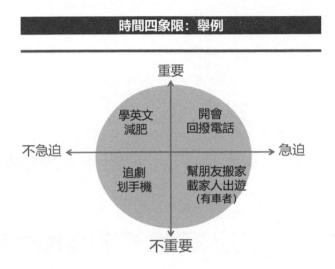

時間四象限：舉例

學投資：從閱讀開始

● 學投資：從閱讀開始

　　學投資是可以讓人生有更多選擇的重要事情，但該如何進入呢？答案是學習、學習再學習。股神巴菲特曾說：「我什麼都讀，企業年報、報表、傳記、歷史書、每天五份報紙，是閱讀讓我致富」。而他的合夥人查理蒙格評論巴菲特：「華倫讀書之多會讓你感到吃驚，他是一本長了 2 條腿的書。」

　　下班後總是會累，但如果太放鬆回家只追劇，長期而言會讓大腦麻木，反之多看書則會讓大腦活躍。學習一個新領域都有門檻，有一個快速入門的方法，就是找該領域的經典書籍，或是類似「第一次○○○就上手」的書名，看了 5 本之後讓你初步有概念，漸漸的再看更深的內容，理解就會更快。

　　最後就是「使用」所學，這是很重要的步驟。想想我們從幼

稚園開始就學英文，一路到大學還在學，但是普遍的學生英文口說能力都不是很好，原因就是沒有大量使用、大聲開始講話，導致要跟外國人聊天就害怕。很矛盾的是明明從小就接觸英文，怎麼長大後還是沒有自信呢？就是沒有使用。

　　按照上述的方法，想進入投資世界，先「閱讀」然後「使用」，久而久之就會累積一定的專業，讓你在股市中少走許多冤枉路。

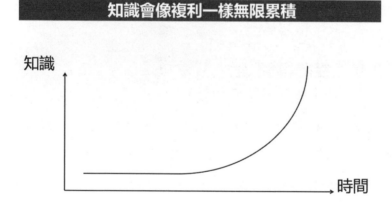

知識會像複利一樣無限累積

Part 3

為何越來越多人
喜歡被動投資？
因為連巴菲特……都愛

為何越來越多投資人，喜歡被動投資？

投資的兩種學派分別是主動投資與被動投資，先釐清兩者的不同，找出適合自己的。主動投資難度比較高，被動投資相對簡單一點，以報酬率來看，被動投資不見得會輸主動投資喔。哪一種方法可以讓你獲利呢？先看看這兩者的差異是什麼？

● 被動投資是什麼？

被動投資的英文是 Passive Investing，Passive 是被動，Investing 是投資。**被動投資的意涵是「獲得和整體市場一樣的報酬率」**。將資金投入到指數型股票資金，例如：投入到 0050、全世界股票 VT 等等，這類投資者覺得：我不盯盤不看財報，資產也能和市場一起成長，這樣超棒，不用花心力研究個別的企業，把時間省下來拿去陪伴家人、完成夢想等等。

● 被動投資手續費便宜！

只要有交易，就會產生手續費，來看一下被動投資會有多少

的費用出現。被動投資者交易次數少，而且通常買進之後，會長時間持有，可能 3 年、5 年、10 年，所以我們計算手續費只會算買進的那一次。每個月拿到薪水，就撥出一部分到投資帳戶，一個月買進一次，一年就會有 12 次，手續費是 0.1425％，乘上 12 次＝ 1.71％

【範例】

一次假設 10 萬元（因為要和主動投資基準一樣才能比較）

10 萬 ×1.71％ ＝ 1,710

一年的手續費只要 1,700 元

● 主動投資是什麼？

喜歡主動投資的人，想要取得比市場更高的獲利，其投資方法有兩種，第一是自己挑選股票，然後下單買進，第二是把錢交給專業經理人，由他們去挑選股票，常見的例如買基金。主動投資者認為，只要我很努力地看財報、分析股票，就能打敗市場平均，賺取更多的金錢。

但是，主動投資並不容易打敗大盤。主動投資比較難，必須要花很多時間研究，平常呢，要看財報，看看為什麼營收下滑或上漲、了解現金怎麼減少那麼多等等，也要懂產業分析，如果買的股票在衰退產業，那真的是前景令人堪憂了。對於公司營運也要熟悉，去聽法說會、股東會等等，有問題也要打電話問發言人，

讓自己隨時隨地掌握公司最新狀況，都評估完之後，認為這是好公司可以投資，那麼就要進行評價。

好公司的股票買太貴其實也不容易賺到錢，評價方法又可以分為本益比法及股價淨值比法，而不同產業用的方法也會不一樣，聽到這邊是不是有點頭昏眼花呢？

沒錯，主動投資必須要花大量的時間在持有的股票上，才有機會，注意，是有機會，而不是「一定」會打敗平均報酬（大盤）。

● 主動投資手續費昂貴

主動投資報酬要扣掉「券商手續費＋證交稅」，才是最後獲得的收益。主動投資因為交易次數多，手續費＋稅也會多，簡單計算一下，頻繁交易的話手續費有多可怕。我們假設每週交易 1 次的一買一賣，所以手續費會被抽成 2 次，賣出的時候也會被政府課徵稅額千分之三。每週的費用：（手續費 ×2 ＋證交稅）＝（0.1425% ×2 ＋ 0.3%）＝ 0.585%，一年 52 週的費用：0.585% ×52 週＝ 30.4%

【範例】每一次交易金額 10 萬，一年交易 52 次

10 萬 ×30.4% ＝ 3 萬，每年光是手續費和稅額就要花 3 萬，換句話說，每年至少要報酬率 30%，之後才算是真正賺到的錢。

對於高昂的手續費，股神巴菲特也曾經說過：「**股市呢，有時候表現得很好，有時候表現得很差，但不管投資人有沒有賺錢，華爾街的手續費從來沒有少收過。**」

● 被動投資運用的工具：ETF

指數股票型基金（Exchange Traded Fund），簡稱 ETF，它是將指數予以證券化，也許是各國的股票、債券、外幣等等投資商品，一次買進一籃子的標的，並且可以直接在股票交易所買賣。被動投資常使用的工具是：股票型 ETF、債券型 ETF，台股有 0050、006208，美股有 VT、SPY 等，債券的部分有 IEF 美國中期公債 ETF。另外提醒一下，市場上有太多變形的指數型基金，例如：反向、槓桿等等。

舉例來說，0050 反一就是反向，意思就是當 0050 跌的時候，0050 反一就漲；槓桿有 0050 正 2，意思是當 0050 漲的時候，0050 正 2 就會漲 2 倍。**記得被動投資是要取得跟市場一樣的報酬，0050 反 1 和 0050 正 2 都不是跟市場報酬一樣，所以不要誤認為只要是 ETF 就是被動投資。**

● 被動投資的報酬率

主動投資者＋被動投資者的報酬率，就是市場平均報酬，有些主動投資人很厲害，賺了 60％打敗大盤，但也有人虧了 60％。

好比一整個班考數學，平均分數的概念，晚上熬夜努力讀書的學生，有人考了滿分，有人卻不及格，因為有時候尚需要一些運氣。也有些學生想要早點睡覺，只追求平均分數就好。對於被動投資者來說，我只要取得平均就好，而這平均的報酬率也不會太差。

● 股票＆債券的報酬率

接下來看一下股、債的報酬率，統計時間為 2000 年～ 2021 年，選擇美股 ETF 以及美債 ETF 作為標的，分別是 SPY 與 IEF 做代表，結果如下：

※ 年化報酬率

股票：11.40％

債券：4.48％

※ 最壞年度的虧損

股票：-36.81％

債券：-6.59％

※ 最好年度的獲益

股票：32.31％

債券：17.91％

債券的漲幅相對平穩，股票則是一直往上成長，當然要賺到報酬率，要先了解股票其實單一年度的跌幅是很巨大的，有正確的認知，才能在股災來臨時不慌亂，甚至還能加碼。

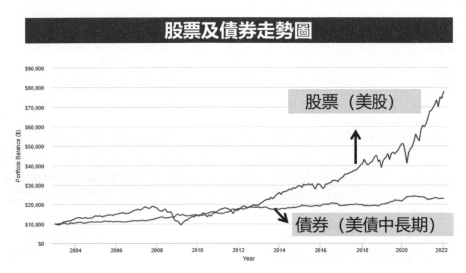

圖片來源：PORTFOLIOVISUALIZER

● 股票＋債券資產配置報酬率

至於被動投資，可以將資金同時配置在股票和債券，讓你的整體資金更加平穩，資產配置也是投資很重要的一環。我們把資金各放 50％在股票及債券，標的和期間和上段文章所提及的都一樣，唯一不同的僅有資金的配置，結果如下：

※ **年化報酬率**：8.11％

※ **最壞年度的虧損**：-9.54％

※ **最好年度的獲益**：19.63％

可以發現，如此配置的話，報酬率、波動度都介於將資金 100％在股票，或資金 100％在債券之間，最大虧損是 -9.54％，比起 100％的資金放在股票可能產生超過 30％的跌幅來的穩定多。相對的，該組合的報酬率也比股票低一些。因此，若是會擔心資產在股災時會縮水太多，可以進行資產配置。

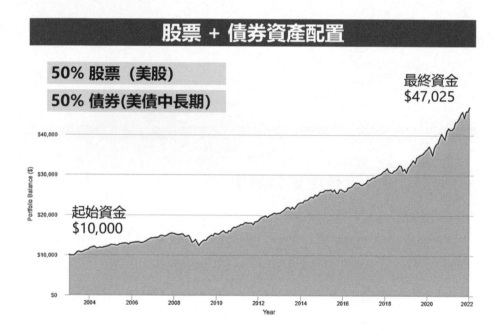

● 被動型基金增長

根據晨星（Morningstar）的數據統計，被動型基金的規模在近年不斷成長。右圖深色柱體代表主動型基金，淺色柱體代表被動型基金，深色幾乎是持平，而淺色很明顯越來越多，顯示全球

投資人對於被動投資越來越喜歡。

主動投資要花時間研究股票，花了那麼多時間，最主要的就是希望可以打敗大盤，取得超過平均的報酬，而且可以多認識很多公司，學習豐富。而被動投資報酬率跟隨市場，不盯盤也不用懂財報，把這些時間省下來，陪伴家人，去做自己想做的事情，但相對的比較不容易去深入認識一間公司。另外，並不是所有的ETF 就是被動投資，市場上有太多變形的基金，切記一個重點，被動投資是要取得跟整體股市一樣的報酬。不想盯盤，不想懂財報，也想要報酬率不錯，被動投資是一項不錯選擇。

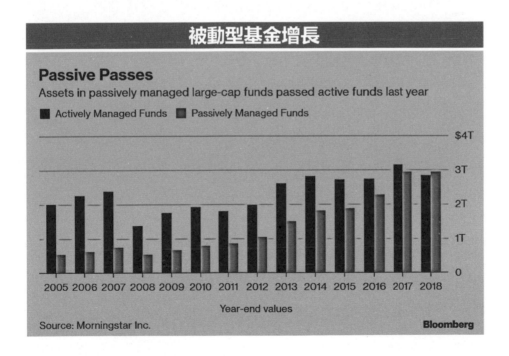

被動投資 VS 主動投資		
比較	被動投資	主動投資
投資方法	買進整個市場的投資標的	擇股、擇時
投資目的	取得和大盤一樣的報酬率	取得高於大盤的報酬率
花費心力	不用看財報、不用盯盤	要懂財報、產業等
持股費用	低	高
投資成效	和股市平均一樣(7%~10%)	高 or 低於大盤

● 被動投資 VS 主動投資

　　主動投資跟被動投資並不是對立的，不是說我選擇了主動投資，就得放棄被動投資，任何投資都沒有絕對好壞，選擇能讓你賺錢並且適合你的，就是好的投資方法。

　　我會建議新手剛開始接觸股市時，先以「被動投資」開始，不論是買 0050 投資台灣股市，或是買涵蓋數千間企業、能投資全世界的 VT，光是這樣簡單的配置，就足以打敗定存、外幣保單、基金等大多數的金融商品，享受市場帶來的平均報酬，在股市亦能長期立於不敗之地，是一件超高 CP 值的事情。

　　接下來若對投資還有更大熱忱的話，再將部分資金轉往主動投資，花點時間去了解企業的財報、營運，透過挖掘資料、研究分析、樹立自己的判斷基準，當企業營運與股價發展，跟你所研判的差不多時，賺到錢之外還會有無比的成就感呢。

巴菲特最愛投資這個，你是跟進還是？

● 巴菲特與華爾街經理人的「10年賭局」

巴菲特在 2007 年的股東會上，公開表示他願意以 100 萬美金做賭注，任何參與這場賭注的人，可以最多挑市場上的 10 檔避險基金，成立一個基金組合，做為投資標的。而巴菲特選擇的是標普 500。**比賽規則是：只要參賽者選擇的基金組合（扣除管理費），能累積比標普 500 更高的投資報酬率，就算巴菲特輸。**

後來有一間避險資金公司 Protégé Partners 接受巴菲特的挑戰，Protégé Partners 選擇了 5 檔基金設為一個組合，作為投資標的，比賽時間從 2008 年的 1 月 1 日開始，到 2017 年的 12 月 31 日結束。下頁圖粗線代表標普 500，在比賽一開始遇到 2008 年金融海嘯，標普 500 一開始就落後 5 檔基金，但從 2009 年開始急起直追，立刻奪走了第一名寶座，爾後在 2011 年及 2015 年即使報酬率下滑，也只落後基金 C，甚至在 2013 年報酬率高達 32.3％，**標普 500 在整場比賽幾乎都處於領先的狀態。**

　　10 年下來，標普 500 年化報酬率 8.5％，Protégé Partners 的
投資的基金最高獲利僅 6.5％，其餘 4 檔更是慘不忍睹，基金經理
人慘敗標普 500，最後的結果是巴菲特贏了這場賭注！

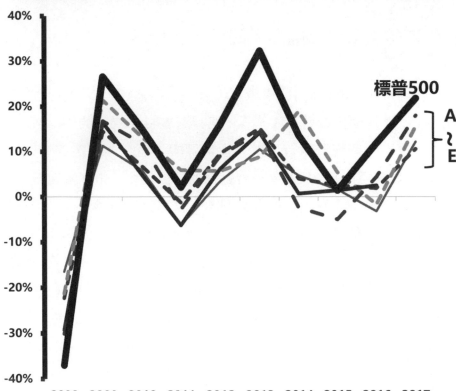

（資料來源：巴菲特致股東信，圖片來源：夏綠蒂自製）

Year	Fund-of-Funds A	Fund-of-Funds B	Fund-of-Funds C	Fund-of-Funds D	Fund-of-Funds E	S&P Index Fund
2008	-16.5%	-22.3%	-21.3%	-29.3%	-30.1%	-37.0%
2009	11.3%	14.5%	21.4%	16.5%	16.8%	26.6%
2010	5.9%	6.8%	13.3%	4.9%	11.9%	15.1%
2011	-6.3%	-1.3%	5.9%	-6.3%	-2.8%	2.1%
2012	3.4%	9.6%	5.7%	6.2%	9.1%	16.0%
2013	10.5%	15.2%	8.8%	14.2%	14.4%	32.3%
2014	4.7%	4.0%	18.9%	0.7%	-2.1%	13.6%
2015	1.6%	2.5%	5.4%	1.4%	-5.0%	1.4%
2016	-3.2%	1.9%	-1.7%	2.5%	4.4%	11.9%
2017	12.2%	10.6%	15.6%	N/A	18.0%	21.8%
Final Gain	21.7%	42.3%	87.7%	2.8%	27.0%	125.8%
Average Annual Gain	2.0%	3.6%	6.5%	0.3%	2.4%	8.5%

Footnote: Under my agreement with Protégé Partners, the names of these funds-of-funds have never been publicly disclosed. I, ... B and C were ... ... its average annu... ...

2008 年～2017 年 標普 500
年化報酬率 8.5%
完勝 Protégé Partners 的 5 檔基金！

（資料來源：巴菲特致股東信）

● S&P500 指數是什麼？為何巴菲特情有獨鍾？

　　S&P500 中文名稱是標準普爾 500 指數，是美國股市指數，由紐約證交所與那斯達克上市的 500 間公司股票所組成，美國最早出現的是道瓊指數，S&P500 隨後出現，兩者比較重要的差別是：

　　1. 參考股票的檔數不同

　　道瓊指數只有參考 30 檔股票，缺乏代表整體市場的意義，而 S&P500 追蹤了 500 家企業，更能反映廣泛的市場變化。

　　2. 加權方式不同

　　道瓊指數是採用股價加權，S&P500 是採取市值加權，更能反

映公司股票在股市上實際的重要性。

● S&P500 的成分股有哪些？

標準普爾指數委員會（S&P Index Committee）會定期更換成分股，選股標準主要是考慮規模、獲利能力與流通性等標準：

1. 必須為美國公司
2. 每月成交量／流通在外股數 > 0.3
3. 全年 4 季淨收益為正數
4. 公司市值 61 億美元以上（每段時間不一樣）
5. 主要為美國重要產業的領導公司

但需要注意的是，即使達成上述條件，並不保證一定會納入標普 500 指數，而需由標普指數委員會每季定期審核。**常聽見的大型公司如：微軟、蘋果、亞馬遜以及巴菲特的波克夏公司都在其中，美股 ETF 代號 SPY 就是追蹤 S&P500 指數**。SPY 全名是 SPDR S&P500 ETF Trust，為美國第一檔 ETF，於 1993 年由 SPDR 公司（美國道富集團）發行，成分股約 500 檔，主要為大型企業，如微軟、Google、波克夏等。

此外也可發現權重最高的 Apple Inc. 也才佔比 6.99％，前十大公司的權重大約 28％ 左右。與台灣的 0050 相比，台積電（2330）一檔就佔 48％，所以 0050 的股價波動跟台積電有很大的關連。但是 SPY 每檔成分股權重都不大，就沒有這個問題。另外，S&P500 並非剛好 500 個，目前最新統計包含有 506 家公司。

Components of the S&P 500

#	Company	Symbol	Weight		Price	Chg	% Chg
1	Apple Inc.	AAPL	6.985973	▼	166.42	-0.15	(-0.09%)
2	Microsoft Corporation	MSFT	6.065109	▼	297.28	-2.91	(-0.97%)
3	Amazon.com Inc.	AMZN	3.569232	▼	2,995.42	-45.63	(-1.50%)
4	Alphabet Inc. Class A	GOOGL	2.178704	▼	2,679.96	-11.47	(-0.43%)
5	Alphabet Inc. Class C	GOOG	2.027871	▼	2,684.08	-10.95	(-0.41%)
6	Tesla Inc	TSLA	1.926107	▼	856.89	-23.00	(-2.61%)
7	NVIDIA Corporation	NVDA	1.629423	▼	236.55	-5.65	(-2.33%)
8	Berkshire Hathaway Inc. Class B	BRK.B	1.594995	▲	325.60	1.96	(0.61%)
9	Meta Platforms Inc. Class A	FB	1.325766	▼	204.89	-3.22	(-1.55%)
10	UnitedHealth Group Incorporated	UNH	1.230799	▼	485.21	-0.17	(-0.04%)

（圖片來源：slickchart.com，2021 年）

● SPY 手續費用：0.0945％

VT 的費用是 0.08％，比 SPY 便宜 0.015％，不過比起台股 ETF 費用動輒 0.4％或是 1％以上，還是較有優勢。

● SPY 成分股行業類別

以科技業佔比 29.17％最多，其次是醫療保健 13.28％，非必

需消費品排第三約 12.55％，接著是金融服務，佔比約 10.7％，第
五名是通訊服務比重約 10.15％，前五大產業大約佔了 75.85％。

Top Sectors	Weight (%)
Information Technology	29.17
Health Care	13.28
Consumer Discretionary	12.55
Financials	10.70
Communication Services	10.15
Industrials	7.78
Consumer Staples	5.88
Real Estate	2.76
Energy	2.67
Materials	2.57
Utilities	2.49

（圖片來源：SPY FACE SHEET）

● SPY 股價：約 435 美元左右

2022 年 3 月 SPY 的股價一股約為 435 美元，以美金匯率 28
元換算成台幣大約 12,180 元一股。在近幾年發生幾次重挫：在
2018 年 10 月股災，SPY 跌至 240 美元左右；2020 年 3 月新冠肺
炎影響全球，SPY 也下殺不少。

　　而如今股價已經上漲超過 400 美元，這也就是投資指數型基金的好處，跌的時候不用擔心，反而可以加碼，指數型基金就像是皮球，下跌後總會反彈。

（圖片來源：YAHOO）

● SPY 報酬率

　　SPY 從 1993 年開始成立未滿一年，為了方便計算，我們從 1994 年開始計算報酬率。在 1994 年初投入 1 萬，至 2021 年本金已獲得 17 萬 5 千元，年化報酬率約 10.66％。

　　若是單一年度的報酬率來看，成立以來目前共 28 個年度，僅 6 個年度是虧損，像是 2000 年初當時因為科技泡沫所影響，還有 2008 年的金融海嘯，這兩個期間都算是大幅度的下跌 20％～ 30％不等，然後也發現一個有趣的現象，大跌之後隔一年總是大 漲。例如：2018 年 10 月全球股災，其實 SPY 不過也才跌了 4.5％ 左右，而 2020 年初全球股市大跌，美股四次熔斷，然而一整年下 來 SPY 竟是上漲 18.37％。比起個股，指數型基金可以放心持有， 因為股價總是會反彈的。

（圖片來源：Portfolio Visualizer）

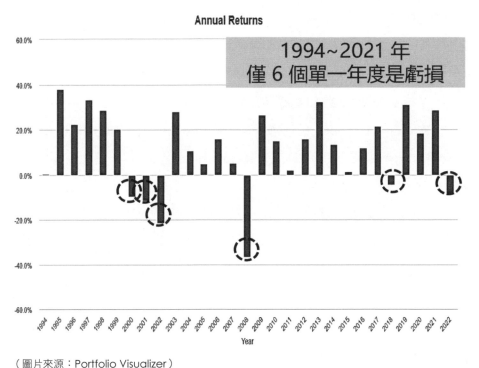

Annual Returns

1994~2021 年
僅 6 個單一年度是虧損

（圖片來源：Portfolio Visualizer）

● SPY 與 VT 比較

SPY 只有涵蓋美國市場，VT 成分股則是遍布全世界（Vanguard Total World Stock ETF，全球型 ETF），若這 2 檔比較，到底誰會勝出呢？ VT 從 2008 年成立時間較短，故以 2009 年度開始計算 2 檔的報酬率。 近 13 年來 SPY 的年化報酬率是 15.88％，而 VT 則是 11.94％，由此可知 SPY 勝出。

SPY 基本上是反映美國的經濟成長，主要是因為美國在這幾

年的成長比世界平均還高，所以使得 SPY 報酬率比 VT 好，另外通常會認為標的越分散，波動越小，但在 2020 年新冠肺炎席捲全球，SPY 下跌幅度約 -19.43％比 VT 下跌約 -22.15％ 還要小，再把時間拉長到近 13 年來看，SPY 的標準差為 14.55％，VT 的標準差為 15.84％，SPY 的波動程度比較小。由上述的研究可以知道，近 13 年 SPY 報酬率高且波動較小。

2009~2021	年化報酬率	初始本金	最終本金
SPY	15.88%	$10,000	$67,947
VT	11.94%	$10,000	$43,339

（圖片來源：Portfolio Visualizer）

● SPY 都是美國公司，有過度集中的風險？

投資者都知道要分散風險，而 SPY100％的成分股都是美國公司，所以常常有「SPY 沒有分散風險」的說法出現。其實 SPY 的成分股已經分散不同行業，**若是以區域來說，雖然說都是美國公司，但像是 Microsoft、Google 等都是大型的全球國際企業，也**

就是說，SPY 間接來說也有分布全球的特性，加上美國一直都是世界經濟強國，以目前的景氣來看，美國大幅衰退而其他地區欣欣向榮，這樣的情況應該機率不大。回到文章的開頭，**巴菲特為什麼選擇 SPY 與華爾街經理人比賽，而非選擇 VT ？除了被動投資有費用低、追隨市場報酬的好處之外，還有一點就是看好美國未來的經濟成長。**

● 台股市場也有追蹤 S&P500 Index 的股票：00646

有些人可能會覺得買 SPY 需要開美股帳戶或是複委託比較麻煩，其實在台股中也有追蹤 S&P500 指數的 ETF，00646 的中文名稱是元大標普 500 基金，是元大投信在 2015 年 12 月 2 日成立的指數型股票基金（ETF），追蹤指數為 S&P500。還記得 SPY 的費用是多少嗎？是 0.0945％，那麼 00646 呢？其實大概台股的 ETF 費用都會比美股貴，根據投信投顧公會顯示，00646 的費用竟然高達 0.61％，比其 SPY 高出 6 倍，真的很讓人咋舌。所以買進 00646 一開始就會讓你輸了手續費，長期報酬率一定會比較差。**更可怕的是，00646 報酬率每年都落後 SPY，**現在複委託已經越來越簡單容易了，只要去券商申請便可以開始投資美股，除非你真的覺得很麻煩，只想要用台股投資，00646 再列入考慮，否則我認為以原汁原味的美股進行投資較為妥當。

00646 現在一股大概 38 元，可看到從 2020 年開始有一波大漲幅，跟 SPY 的走勢幾乎一樣，從 2016 年到 2021 年漲幅約 81%，贏過許多投資標的。

幫你找出連續 35 年，年報酬率近 10% 的標的！

● 揭開世界最強基金獲利的祕密

美國擁有許多世界知名大學，包括哈佛大學、耶魯大學等，培育出許多優秀的人才，例如：總統、企業家、諾貝爾獎得主等，在社會有了不錯的成就，這些校友自然會回饋母校，捐贈基金為母校出一份心力。

這些基金的年化報酬率都極高，其中又以耶魯大學操作基金的方式最為聞名，操盤手大衛‧斯文森自 1985 年接管時，資產規模只有 13 億美元，至 2020 年竟高達 312 億美元，35 年翻 26 倍，年化報酬率約 9.51%。耶魯大學捐贈基金的報酬率為何如此優秀？如果我們可以從中學習，便能提高投資獲益！

● 僅次於巴菲特的機構投資人──大衛‧斯文森

1985 年對耶魯大學的捐贈基金是一個很重要的轉折點，因為校友大衛‧斯文森（David F. Swensen）從華爾街回來接管基金，當時大衛‧斯文森也不過 31 歲，便開創出聞名的「耶魯模型 Yale

Model」，將基金規模從 13 億美元帶領至 2020 年的 312 億美元，被喻為是僅次於巴菲特最好的機構投資管理人。然而他已於 2021/5/5 病逝，仍為全球投資的發展留下一頁傳奇。

● 他創造「耶魯模型」：35 年來年化報酬率 9.5％

當大衛‧斯文森成為耶魯基金管理人後，耶魯基金的資產規模便一路飆升，在 Yale Investments Office 的捐贈基金報告中，列出 1997 年到 2020 年的報告，因此我們整理出這近 24 年的每年報酬率，累積報酬率高達 299％，同期間標普 500 只有 159％，近 24 年來耶魯捐贈基金只出現過一年虧損，便是金融海嘯時期。從右圖可以看到只有在 2009 年的時候是負報酬，耶魯大學捐贈基金的報告是以 7/1 到隔年 6/30 為一個財報年，因此看到 2009 年虧損，是包含 2008 年下半年席捲全球的金融海嘯，除此之外的年度都是維持正報酬。

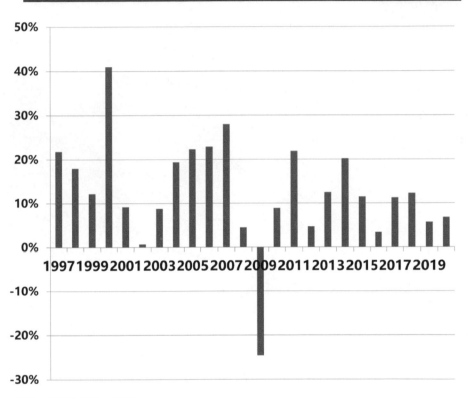

耶魯大學捐贈基金 每年報酬率

* 註: 財年為 7/1 ~ 6/30

　　在 1985 年之前，基金規模幾乎是沒有增加，直到大衛・斯文森領導，耶魯捐贈基金每年都有驚人報酬率，規模也明顯急速上升，到了 2020 財年更高達 312 億美元。

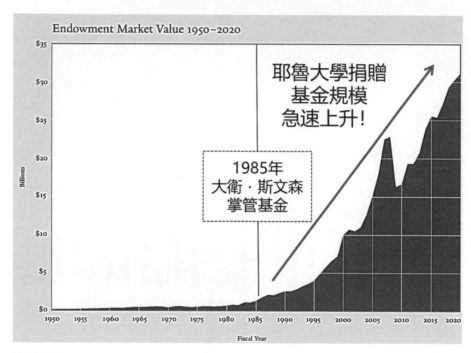

（圖片來源：Yale investments office endowment 2018 reports）

● 耶魯模型高獲利秘訣：資產配置

耶魯大學捐贈基金的投資類別有多種，以絕對報酬（Absolute Return）最多約 21％，其次是風險投資（Venture Capital）約 20％，國內外股票大約 18％，其他投資例如：不動產、固定收益、槓桿投資、自然資源等，種類極為豐富，也能有夠分散風險的作用。

Asset Class	June 2020 Actual	June 2020 Target
Absolute Return	21.6 %	23.5 %
Domestic Equity	2.3	2.25
Foreign Equity	11.4	11.75
Leveraged Buyouts	15.8	17.5
Natural Resources	3.9	4.5
Real Estate	8.6	9.5
Venture Capital	22.6	23.5
Cash & Fixed Income	13.7	7.5

（圖片來源：Yale investments office endowment 2018 reports）

● 另類資產佔 7 成，又以絕對報酬 2 成比重最高

　　耶魯基金投資許多「另類資產」，指的是：絕對報酬、房地產、商品、對沖基金、外匯、私人企業等等，是耶魯模式的重要特徵，另類投資在傳統的資產配置當中比較少見。特別提及一下「絕對報酬」，佔耶魯捐贈基金最高比重約 21％，初次看到這個名稱會覺得很棒，但實際上報酬率卻不高，絕對報酬就是不論股市好壞，都能一定有正報酬，再差也頂多是帳戶打平，不會有負報酬，因為學校有一定的開銷，不能因為股市下挫就沒有收入，使得沒有財源可以維持校務營運。

　　所以無論如何，尋求穩定的投資報酬，要做到這樣的要求，一定要做足保護因應股市下跌，報酬率雖然都是正數，但不會太高。

● 另類資產，僅有房地產報酬率高

另類資產的種類看起來很華麗，我們來看看實際績效，下圖我們比較 5 種另類資產，分別是：

1. 絕對報酬（代碼：CPI）：近 3 年年化報酬率 1.14%
2. 房地產（代碼：PSR）：近 3 年年化報酬率 17.25%
3. 私人企業（代碼：PEX）：近 3 年年化報酬率 6.29%
4. 套利併購（代碼：HYLS）：近 3 年年化報酬率 2.06%
5. 外幣多空操作（代碼：DBV）：近 3 年年化報酬率 1.41%

很明顯看出，**只有房地產的報酬 17.25% 跟大盤（標普 500）23.82% 是接近的**，其餘的標的並未繳出吸引人的成績。

另類資產績效比較

另類資產可考慮房地產，其餘的績效並不驚艷

資產類別	代碼	2019年報酬率	2020年報酬率	2021年報酬率	年化報酬率 (2019~2021)
絕對投資報酬	CPI	7.1%	-2.3%	1.1%	1.14%
房地產	PSR	27.7%	-8.7%	41.9%	17.25%
私人企業	PEX	16.0%	-7.0%	9.5%	6.29%
套利併購	HYLS	8.5%	-0.4%	-2.2%	2.06%
外幣多空操作	DBV	2.6%	-1.1%	2.1%	1.41%
標普500	SPY500	28.9%	14.8%	24.6%	23.82%

● 耶魯基金如何每年都有高報酬？

在上一段我們知道另類資產幾乎報酬率不高，而耶魯基金有 7 成都是另類資產。

如此的配置，卻能創造每年 10％的高額年化報酬率？主要是因為聘請一位有智慧、有責任感的首席投資人大衛・斯文森。耶魯的一份報告當中曾說過：「基金之所以長年表現得比標普 500 好，有 80％要歸功於優秀的管理人，20％歸功於資產組合」。

● 從耶魯捐贈基金學習

（1）配置自己的資產

除了耶魯大學，我們來看看其他美國許多名校的捐贈基金，雖然各自採用不同的投資策略，但平均資產分布在 5 大項：

1. 國內股票：17％

2. 固定收益（例如美國公債）：9％

3. 另類投資（例如房地產）：51％

4. 國際股市：19％

5. 現金：4％

美國大學捐贈基金以另類投資比重最高，在前面提過，另類投資中的報酬率，只有「房地產」的比較好，因此我們在自己的資產配置，可以加入房地產，例如投資全球房地產 VNQ。第二大

部分便是股票，國內外相加比重為 36%，在台灣可買進 0050，國際股市則可考慮標普 500 SPY、全世界股票 VT，固定收益方面，可選擇債券，是股市崩跌的避風港。但耶魯捐贈基金有許多標的，是多數投資者不容易複製的，例如私人企業資產、絕對投資報酬、對沖基金，這些我們就不要選擇，相信只要搭配好上述提及的 4 項資產，整體也會有好報酬，比例的部分不用全部與捐贈資金一樣，慢慢培養比重的調配敏感度，就能找到一套適合自己的策略。

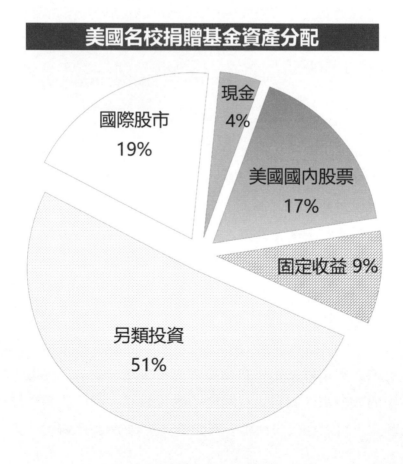

美國名校捐贈基金資產分配

國際股市 19%

現金 4%

美國國內股票 17%

固定收益 9%

另類投資 51%

（2）成為自己的基金操盤手

耶魯指出捐贈基金會成功，有 80％的因素是擁有優秀的管理人，你可能會想，我們又沒有世界名校的高學歷，也沒有在華爾街經歷，怎麼成為自己的基金操盤手呢？但從耶魯的經驗已經清楚告訴我們，資產配置最終可以獲得勝利，那為什麼還有人會失敗呢？原因在於「心性」問題。

問題一：貪心

看到旁人利用融資一週獲利 30％很心動，頓時覺得資產配置獲利速度太慢，但沒想到的是，當股災來臨時，放大槓桿融資的人早就被迫離開股市，有進行資產配置的人，卻能夠四平八穩的成長。

問題二：高估自己

沒有認清自己對於風險承受度有多大，若是把大部分比重放在股票上，股市表現好時很開心，重挫時發現超出自己的忍受度，再低價賣出，日後懊惱看股價的回升。好比認為不用特別訓練，就能騎車環島，殊不知途中體力不支、輪胎爆胎也不會修理等，最終只能悻悻然搭車返家，獲得一次不好的經驗。

耶魯模型在全球的資產配置領域，有許多投資機構效仿學習，被奉為經典，與其花大把大把的時間去盯盤，報酬率也不見得比較好，甚至幾乎是更差，倒不如來鑽研要怎麼進行資產配置，最終將有好的投資收益等你坐收。

Part 4

學會投資 0050，
你的退休金
增加 3850 萬！

退休金存千萬？
其實只要「200 萬」就夠了！

人的平均壽命會一直增加，退休金會需要越來越多，到底該怎麼準備呢？有了「平均壽命會變長，退休金很重要」這個認知，現在我就來分享，其實退休金你只要準備「200 萬」，就可以放心養老了，本章節後方附 Excel 連結供你下載計算，我們繼續看下去……

● 輕鬆存到退休金的「3 關鍵」

從職場退役，開始過養老生活是我們都會遇到的情況，常常看到新聞說退休金要存到上千萬才安心，加上房價及物價很高，年輕人根本是活在痛苦的世代，但年輕人也有最關鍵的優勢：時間，利用複利的力量，我們要提前退休不是夢，一共有 3 個要點，趕快來看一下！

關鍵一：時間

愛因斯坦說：「複利是第八大奇蹟」，趁年輕越早投資，到年老累積的金額就會非常多。下方會舉例說明，只要你每年存少

少的錢，退休金會遠比你想像中的還多。這邊先舉 1 個小例子，讓大家了解複利的威力：

---

1. 01 只比 1 多 0.01，只增加百分之 1 而已，

每天都增加 1%，

第 2 天就是 1.01 的 2 次方 = 1.0201

第 3 天就是 1.01 的 3 次方 = 1.0303

第 4 天就是 1.01 的 4 次方 = 1.0406

每天都增加非常少，但累積 1 年，你猜猜看會是多少……

答案是 37.78，非常驚人！

關鍵二：金額

1 天存 180 元就能退休，因為趁早投資，趁早享受複利，每次投入的金額也不需要太多，你我都可以輕鬆達到。假設大學畢業、當完兵之後開始工作，26 歲開始投入股市，持續 30 年，1 年大概 6 萬 6 千元，存到 55 歲之後就能安心從職場退役，下方會舉例說明怎麼算，讓你更清楚瞭解。

關鍵三：標的

大家都希望能用投資賺錢，但關鍵是投資的標的不能倒，而且是要能長期上漲的。根據台股將近 20 年的大盤加權報酬指數，年化報酬率為 11.56%，而 0050 與大盤相關程度高達 9 成，將報酬率給予安全邊際打個折，以 9% 計算，0050 完全可以達到。

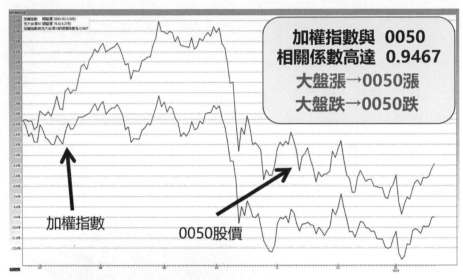

加權指數與 **0050**
相關係數高達 **0.9467**

大盤漲→0050漲
大盤跌→0050跌

加權指數

0050股價

（資料來源：CMoney 法人決策系統，製圖：夏綠蒂）

● 退休金規劃表（附 Excel 檔案下載）

　　每年只要存 6 萬 6，相當於 1 天存 180 元，讓你日後 35 年的
養老生活，每月可提領 5 萬元，其計算如下：

　　假設 26 歲開始存，每年存 6 萬 6 千元，1 個月存 5,500 元，
加上有年終獎金，要做到並不難。上段內容分享台股的年化報酬
率是 11.56％，我們打個折，以 9％來計算就好，從 26 歲持續投
入 0050 到 55 歲，這期間 30 年的複利，累積資產大概有 980 萬，
但本金不過才 6 萬 6 千 ×30 年＝ 198 萬，只要運用複利的力量，
也能締造豐厚的資產。

　　若 56 歲開始退休生活，邁入沒有薪資這類固定的現金流入時

期，投資股票會偏向保守，也許會想多留一點現金在身上，或者是將部分資金放到債券，因此報酬率會比 100％將資金投入股市來得低，所以退休後的報酬率我們採用 5％計算。還記得書中一開始有提到，國人的平均壽命越來越長，所以我們可以規劃預計活到 90 歲。55 歲後，將當時投下的資金持續擺在股市上，即使不再增加投資金額，但會發現更棒的是，每個月還能從股市提領 5 萬元的生活費，一年領 60 萬，退休完全沒問題。

大盤加權報酬指數			含股息的大盤報酬率約 **11.56%** 保守估計以 9% 計算，26 歲開始每年投入 6 萬 6 千元，55歲即可安心退休		
日期		**收盤價**			
2003/01/02		4524.92			
2021/12/31		36,138.47			
年化報酬率		**11.56%**			
	每年投入6萬6千	當年度餘額		每年投入6萬6千	當年度餘額
26 歲	66,000	71,940	41 歲	66,000	2,374,265
27 歲	66,000	150,355	42 歲	66,000	2,659,888
28 歲	66,000	235,827	43 歲	66,000	2,971,218
29 歲	66,000	328,991	44 歲	66,000	3,310,568
30 歲	66,000	430,540	45 歲	66,000	3,680,459
31 歲	66,000	541,229	46 歲	66,000	4,083,640
32 歲	66,000	661,879	47 歲	66,000	4,523,108
33 歲	66,000	793,388	48 歲	66,000	5,002,128
34 歲	66,000	936,733	49 歲	66,000	5,524,259
35 歲	66,000	1,092,979	50 歲	66,000	6,093,382
36 歲	66,000	1,263,288	51 歲	66,000	6,713,727
37 歲	66,000	1,448,923	52 歲	66,000	7,389,902
38 歲	66,000	1,651,266	53 歲	66,000	8,126,934
39 歲	66,000	1,871,820	54 歲	66,000	8,930,298
40 歲	66,000	2,112,224	55 歲	66,000	9,805,964

投入本金：6 萬 6 千元 x 30 年 = 198 萬

累積的總資產約 980 萬

	期初餘額	每年的生活費	當年度餘額		期初餘額	每年的生活費	當年度餘額
56 歲	9,805,964	600,000	9,666,263	74 歲	5,875,820	600,000	5,750,644
57 歲	9,666,263	600,000	9,519,576	75 歲	5,750,644	600,000	5,614,202
58 歲	9,519,576	600,000	9,365,554	76 歲	5,614,202	600,000	5,465,480
59 歲	9,365,554	600,000	9,203,832	77 歲	5,465,480	600,000	5,303,373
60 歲	9,203,832	600,000	9,034,024	78 歲	5,303,373	600,000	5,126,677
61 歲	9,034,024	600,000	8,855,725	79 歲	5,126,677	600,000	4,934,078
62 歲	8,855,725	600,000	8,668,511	80 歲	4,934,078	600,000	4,724,145
63 歲	8,668,511	600,000	8,471,937	81 歲	4,724,145	600,000	4,495,318
64 歲	8,471,937	600,000	8,265,534	82 歲	4,495,318	600,000	4,245,896
65 歲	8,265,534	600,000	8,048,810	83 歲	4,245,896	600,000	3,974,027
66 歲	8,048,810	600,000	7,821,251	84 歲	3,974,027	600,000	3,677,689
67 歲	7,821,251	600,000	7,582,313	85 歲	3,677,689	600,000	3,354,681
68 歲	7,582,313	600,000	7,331,429	86 歲	3,354,681	600,000	3,002,603
69 歲	7,331,429	600,000	7,068,000	87 歲	3,002,603	600,000	2,618,837
70 歲	7,068,000	600,000	6,791,400	88 歲	2,618,837	600,000	2,200,532
71 歲	6,791,400	600,000	6,500,971	89 歲	2,200,532	600,000	1,744,580
72 歲	6,500,971	600,000	6,196,019	90 歲	1,744,580	600,000	1,247,592
73 歲	6,196,019	600,000	5,875,820				

每月從股市領 5 萬，安心退休

退休金規劃試算表
（請掃描下載）

學會投資 0050，你的退休金增加 3850 萬！

● 長輩說投資很不安全？

「買股票是不是很可怕？」之前一位大學同學問我，我反而好奇為什麼他會這樣認為，他說「每次回外婆家，小舅舅跟我說要學會投資，未來才有保障，但另一方面大舅舅卻一直說股票很可怕，會讓我賠光積蓄」，同學的心中就像是有天使與惡魔，但分辨不出「學會投資股票」是天使還是惡魔。「那你大舅舅有買過股票嗎？」我問道，「好像沒有耶」同學說。

● 其實「無知」才是最危險

原來大舅舅本身是公務人員，個性相對保守，也因為經歷過網路泡沫、金融海嘯等股市重挫的事件，所以對於投資是相當害怕的。但現實上，若不將資產做任何投資的話，你跟伴侶兩人，一輩子只能存到 800 萬。

● 一生收入與支出計算

　　理財部落客林書廷有詳細計算過，人的一生中要花多少錢。前提是假設我們 22 歲開始工作 60 歲退休，總共工作 38 年，然後 75 歲掰掰，其中包括食衣住行、育樂、養小孩等費用。非常簡約的計算，**夫妻兩人竟然一輩子至少要花 3,000 萬元**。現在的你可能還年輕，不覺得花費會有那麼多，是因為你還沒有買房買車養小孩的壓力，所以人生支出表上的金額好像跟你無關，等到年紀越來越大，金錢的問題便會接踵而來，若以目前的收入，有辦法應付嗎？

交通花費	**674**萬
居住花費	**700**萬
小孩花費	**240**萬
生活花費	**929**萬
醫療花費	**165**萬
結婚花費	**24.1**萬
孝養花費	**225**萬
喪葬花費	**30**萬
保險花費	**26.5**萬
總 花 費	**3013.6**萬

（資料來源：書廷理財筆記）

● 行政院主計處：薪資中位數 50 萬

現在知道一輩子夫妻倆總花費至少要 3,000 萬，然後就可以計算要多少收入才足夠支撐，根據行政院主計處統計，2020 年國人薪資中位數是 50.1 萬，中位數的意思是把所有數據由高低排序找出正中間的數值，所以一開始新鮮人工作，薪水通常會是低於中位數，慢慢工作了 10 年、20 年才會高於中位數，而薪水才會緩緩增加。

貳、統計結果

一、全年總薪資中位數

（一）109年全球COVID-19疫情大流行，我國工業及服務業受僱員工全年總薪資（含經常性與非經常性薪資）中位數為50.1萬元（平均每月約4.2萬元），較108年僅增加0.48%；與101年比較，全年總薪資中位數增加13.22%。

（資料來源：行政院主計處）

● 僅靠工作，兩夫妻一輩子只能存 800 萬

假設共工作 38 年，那夫妻兩人一輩子的收入是：38 年 × 50 萬 × 2 人＝ 3,800 萬，因此收入 3,800 萬 – 支出 3,000 萬＝存款 800 萬。

　　若是單薪家庭，則一個月必須要有 8 萬 3 千元以上的薪水，雙薪家庭則一人要月收入 4 萬 2 千元以上，且必須要非常節儉、不出國不外食、無意外，加上一輩子不能被裁員減薪，這樣的金錢收入才可能度過基本的一生，也難怪現代人不敢生小孩。

● 加計通貨膨脹，過了 25 年後花費會變成 2 倍

　　最可怕的是，上述還沒有計算通貨膨脹的威脅，小時候一包王子麵 6 元，現在滷味攤要 15 元，漲幅 150％相當驚人，根據主計處資料，**每年通膨率大約 3％**，我們將持續性的支出加上通膨計算，交通費 674 萬＋居住費 700 萬＋小孩花費 240 萬＋生活花費 929 萬＝ 2,543 萬

　　2,543 萬經過每年 3％的通膨僅經過 25 年，花費就超過原先的 2 倍了，如果只將錢放銀行，購買力會被通膨吃掉，所以一定要學習投資，避免越活越辛苦。

● 學習投資，資產增加 3,000 萬

　　投資標的有很多種，股票、期貨、權證等等，但都有一定的風險，**因此可以選擇指數型基金 0050，0050 一次擁有台股 50 間市值最大的公司，幫我們分散到許多企業了，風險較低而且不用盯盤。**

● 遇到股災，股市長期仍然上升

股市反映經濟，而 0050 有市值最大 50 間企業，幾乎也能反映整個經濟發展。常在新聞聽到的 GDP 保 2，雖然 2％成長幅度很少，不過至少也是增加，而且表現不好的公司會定期被淘汰換上更好的，因此不用擔心買 0050 變成壁紙。證交所在 2003 年開始計算台股加權報酬指數，意思是把除權息蒸發掉的點數加回去，才能真正表達台股長期的走勢，**2003 年只有 4,000 多點，到 2021 年底已經達 36,000 點，期間還遇到金融海嘯、歐債危機、新冠肺炎等等，股市長期來看依舊是向上成長。**

● 善用 0050，將存款 800 萬翻成 3,850 萬

現在已經知道台股會長期上漲，0050 從 2003 年開始發行至 2021 年，不含股息的年化報酬率大約是 7.89％，再加上 2％～ 3％的殖利率，每年大概報酬率是 9.89％～ 10.89％。**我們保守以 7％來估算，將原本不投資的存款 800 萬投入 0050，**從 22 歲工作到 60 歲退休共 38 年，每年平均可投入 800 萬／38 年＝ 21 萬，**完全不用懂財報也無須盯盤，到了 60 歲竟能翻成 3,850 萬的資產。**因此 800 萬 VS 3,850 萬，你要哪一個？今天起，只要學習對的投資，你可以更早退休，也能保有更好的生活品質。

年齡	期初金額	每年投入	期末金額	年齡	期初金額	每年投入	期末金額
23	-	210,000	210,000	42	8,349,368	210,000	9,158,524
24	210,000	210,000	449,400	43	9,158,524	210,000	10,024,321
25	449,400	210,000	705,558	44	10,024,321	210,000	10,950,723
26	705,558	210,000	979,647	45	10,950,723	210,000	11,941,974
27	979,647	210,000	1,272,922	46	11,941,974	210,000	13,002,612
28	1,272,922	210,000	1,586,727	47	13,002,612	210,000	14,137,495
29	1,586,727	210,000	1,922,498	48	14,137,495	210,000	15,351,820
30	1,922,498	210,000	2,281,773	49	15,351,820	210,000	16,651,147
31	2,281,773	210,000	2,666,197	50	16,651,147	210,000	18,041,427
32	2,666,197	210,000	3,077,531	51	18,041,427	210,000	19,529,027
33	3,077,531	210,000	3,517,658	52	19,529,027	210,000	21,120,759
34	3,517,658	210,000	3,988,594	53	21,120,759	210,000	22,823,912
35	3,988,594	210,000	4,492,495	54	22,823,912	210,000	24,646,286
36	4,492,495	210,000	5,031,670	55	24,646,286	210,000	26,596,226
37	5,031,670	210,000	5,608,587	56	26,596,226	210,000	28,682,662
38	5,608,587	210,000	6,225,888	57	28,682,662	210,000	30,915,148
39	6,225,888	210,000	6,886,400	58	30,915,148	210,000	33,303,909
40	6,886,400	210,000	7,593,148	59	33,303,909	210,000	35,859,882
41	7,593,148	210,000	8,349,368	60	35,859,882	210,000	38,594,774

結論：投入本金共 800 萬，退休時變成 3,850 萬！

與其賺股利，
不如狂賺報酬率！

80％的人在台股都無法獲利，因為選擇好股票是一件不容易的事情，因此要善用「被動投資」幫自己打造財富，在台股可以買 0050，0050 是台灣最大的 50 間公司所組成的指數型基金，等於一次擁有大立光、台積電以及鴻海等等。而 0050 的成分股是哪 50 檔呢？比重分別又是多少呢？可以到發行券商的網站查詢 0050 成分股查詢表，而這 50 檔成分股會變動，在每年的 3、6、9、12 月會進行審核。

目的就是要囊括市值最大的 50 間公司。台股有 1,600 多檔，0050 雖然只有包含 50 間公司，但每一成分股的市值都佔大盤有不小比重，特別是台積電（2330）就佔了 49％左右，而這 50 間公司的市值相加，佔台股的總市值 70％，和大盤有高度的連動性，因此大盤若是漲，0050 上漲的機率也相當高。

● 大盤走勢長期而言是上漲的

0050 與大盤連動性高，那我們先來看看近 18 年台股的走勢，從 2003 年的 4 千點，爬到了將近萬點，然後在 2008 年金融海嘯

一落千丈，又回到了 4 千多點，很多人在 2008 年的風暴中，手上的持股從此成了雞蛋水餃股，被無情的股市打的體無完膚，不敢再投資了，因此若是在金融海嘯期間持有 0050，在隔年 2009 年開始。股市絕地大反攻，中間雖然有起有伏，不過還是一路向上，更在 2017 年時大盤躍上萬點長達 16 個月。甚至是 2020 年新冠肺炎，蔓延全球感染，許多企業都 Work From Home、學校遠距教學，2020 年初美股更經歷 4 次熔斷，隨後股市還漲得比過去更高，因此可以證明股市長期來看，是會持續上漲的。

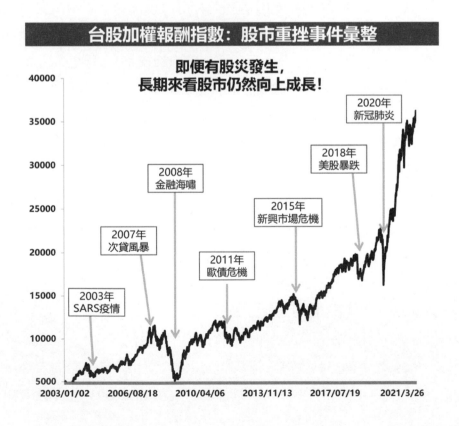

台股加權報酬指數：股市重挫事件彙整

● 0050 歷史上有 75％的年度是上漲

　　0050 自 2003 年成立以來，19 個年度僅有 4 個年度是虧損，有 4 個年度漲幅超過 20％，而且沒有連續兩年是虧損的狀態，這樣子的成績打敗很多檔股票了，真的鼓勵大家可以放一些資金在被動投資，不要買一些管理費很高的基金。

0050 歷年漲跌幅（僅計算股價漲跌）
4 個年度跌，15 個年度漲！

年度	漲跌幅	年度	漲跌幅
2003	24.6%	2013	7.9%
2004	2.54%	2014	14.18%
2005	6.11%	2015	-8.72% 跌
2006	14.24%	2016	20.57%
2007	5.13%	2017	14.26%
2008	-45.59% 跌	2018	-8.6% 跌
2009	65.06%	2019	30.93%
2010	8.67%	2020	25.19%
2011	-18.94% 跌	2021	49.0%
2012	9.66%		

● 0050 一年發 2 次股利，可提早進行「再投資」

現金股利是很多投資人注重的項目，0050 也是穩定發配息，而且自從 2016 年開始 1 年發放 2 次！這對投資人來說是件好事，半年就能領到 1 次股利，將獲得的股利再投資，等到下一次配息時，可以領取的金額也會增加。

【舉個例子】

以近年股利平均發放 3 元，我手上有 1,000 股，
因此可以領到 3,000 元（3 元 ×1,000 股），
然後立刻把 3,000 元現金再買進 0050，
一股 130 元，3,000 元共可以買進 23 股，
總計會有 1,023 股（原本 1,000 股＋再投資增加 23 股），
等到年底第二次發股利時，我就可以領 1,023 股的金額，
等於多領 23 股的股利，很棒吧！

從 2005 年開始，股利每年發放，即便經歷了金融海嘯或是歐債危機等，還是可以穩定的發放現金股利，近年的現金股利已經突破 3 元。

0050 股利

單位：元

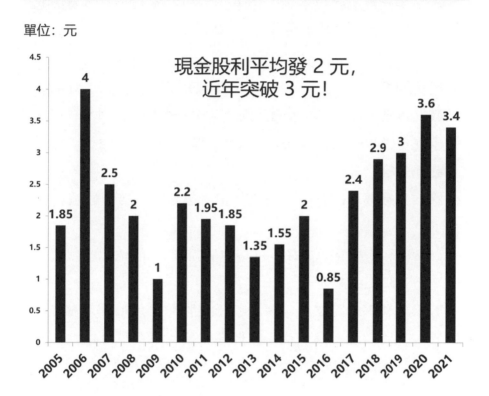

現金股利平均發 2 元，
近年突破 3 元！

2005: 1.85
2006: 4
2007: 2.5
2008: 2
2009: 1
2010: 2.2
2011: 1.95
2012: 1.85
2013: 1.35
2014: 1.55
2015: 2
2016: 0.85
2017: 2.4
2018: 2.9
2019: 3
2020: 3.6
2021: 3.4

● 0050 殖利率平均 3.3%，比定存高了數倍！

　　把錢存在銀行，會收到利息，相對的拿錢買進股票，就會收到股利，股利就是今年公司賺到錢，發一些盈餘分給股東的意思，但發的現金越多，代表 CP 值越高嗎？

　　並不一定，就像是你每年銀行利息收到很多，代表銀行利率

很高嗎？（現在定存利率大概 1％～ 2％左右）也是不一定吧，講到這邊，應該會想到「本金」也是影響利息收入的一個因素吧，因此想要知道某一檔股票的股利 CP 值高不高，可以用「殖利率」衡量。簡單來說，殖利率可以想成是銀行的存款利率。

　　舉個例子說明，上一段提到，0050 每年平均發放 2 元的股利：

　　❶在每股 30 元買進 0050，則殖利率＝ 2/30 ＝ 6.67％

　　❷在每股 80 元買進 0050，則殖利率＝ 2/80 ＝ 2.5％

　　❶或是❷你喜歡哪一個？

　　應該是❶吧，因為配息一樣，但股價較低，得到的殖利率比較高！

　　了解殖利率的意思之後，就可以看看 0050 的殖利率到底是如何呢？下方我們再複習一下。

　　影響殖利率的因素有兩個：股價及股利。0050 平均穩定發 2 元股利，但股價也一路上漲，因此造成殖利率有下滑趨勢，尤其是 2016 年，竟然僅剩下 1.28％，而近 5 年來平均位於 3.3％左右。

單位: %

0050 殖利率

殖利率平均 3.3 %，
隨著股價上升，殖利率有下滑的趨勢

● 0050 適合當定存股嗎？

　　很多人會想要「存股」，就是希望可以靠領夠多的股利，早日退休，近幾年在台灣掀起一股存股風潮，那 0050 適合嗎？我們來細細檢視一下。適合當「定存股」的條件有 2 個：

（1）投資標的不容易倒→ 0050 符合

　　0050 是一次擁有 50 間一流的公司的投資標的，0050 若是倒了，代表 50 間公司全垮了，此外 0050 每季會調整成分股，如果表現不好，排名退步到 50 名之後，便會被剔除，所以永遠保持最優秀的 50 間公司，因此 0050 符合投資標的不容易倒的特性。

（2）發放的股利高且穩定 → 0050「不」符合

　　0050 平均每年發放 2 元，有穩定的性質，但我認為，以 2021 年股價遊走在 130 元～ 140 元之間來看，3 元的股利不夠高，殖利率大概 2.3％～ 2.1％，存股族是想要領豐厚的股利當生活費，0050 股息卻不夠多。因此若是想要有穩定現金流，可以選擇其他高股息的股票。

　　綜上所述，0050 殖利率不高，我覺得並不適合當存股的標的，比較值得關注的是「報酬率」。在上一篇文章中提到，0050 股價長期而言是上漲的，年化報酬率大概是 9.98％～ 10.98％，比領股息殖利率 2.3％還高，如果真的需要現金，可以賣出 0050 來當生活費。

周公投資法，
19 年報酬率 255％！

　　在前面的章節提到，0050 即便每年買在最高價，長期持有報酬率依然是正數。因此，比起什麼時間點買進，更重要的是有紀律的投入資金，什麼時候投資都行，沒有進場就是不行！這時你可能會覺得，不可能每次都買在最高價啊！因此如果是以定期定額投資，比較符合實際狀況，獲利情況會是怎麼樣呢？

● 什麼是周公投資法？

　　例如有紀律的投資 0050：每年開盤第 1 天買進，且將上 1 年領到的現金股利再投入，1 年只醒來 1 次，只會在股市開盤的第 1 天甦醒，醒過來的時候就拿著手機下單買 5,000 元的 0050，買進之後就繼續睡覺，等下一年第 1 天開盤，才會再度醒過來。從 2003 年到 2021 年都持續這樣做，有紀律的每年買進 5,000 元的 0050。

　　到 2021 年底的時候，投入的本金已經有 9.5 萬元，這時帳戶價值竟然有 33 萬，累積報酬率高達 255％！因為 1 年當中有 364 天都是在睡覺，因此可以免於股價下跌的恐慌，更沒有任何賣出

股票的行為，這樣每一年大概只花10分鐘，就能完成下單的動作，年復一年，經過19個年頭，除了2008年的時候累積報酬率是負數，其他年度都是正數！

每年開盤第一天，定額 5,000 元買進 0050，領到的現金股利再投入0050，截至 2021 年累積報酬率為 255%				
買進日期	當年度股利	投入的總本金	12/31帳戶價值	報酬率
2003/6/30	1.85	5,000	6,192	23.84%
2004/1/2	4	10,000	11,667	16.67%
2005/1/3	2.5	15,000	17,634	17.56%
2006/1/2	2	20,000	25,582	27.91%
2007/1/2	1	25,000	34,402	37.61%
2008/1/2	2.2	30,000	21,879	跌 -27.07%
2009/1/5	1.95	35,000	48,291	37.97%
2010/1/4	1.85	40,000	58,935	47.34%
2011/1/3	1.35	45,000	53,715	19.37%
2012/1/2	1.55	50,000	65,823	31.65%
2013/1/2	2	55,000	79,748	45.00%
2014/1/2	0.85	60,000	98,681	64.47%
2015/1/5	1.85	65,000	96,300	48.15%
2016/1/4	4	70,000	123,469	76.38%
2017/1/3	3.1	75,000	153,584	104.78%
2018/1/2	2.9	80,000	150,718	88.40%
2019/1/2	3	85,000	201,667	137.26%
2020/1/2	3.6	90,000	269,745	199.72%
2021/1/4	3.4	95,000	337,660	**255.43%**

（資料來源：CMoney 法人投資決策系統，圖片來源：夏綠蒂自製）

再教你兩招，投資 0050 的翻倍方法！

● 如何再提高報酬率？

0050 就像一顆「皮球」，跌下去還會彈回來。之前的文章也提到，0050 與大盤連動性高，而將除息蒸發的點數加回去。台股「**加權報酬指數**」，最高已經來到 3,6000 點，從大盤歷年來的指數可以知道，每次下跌，總是會再彈上來，而且就像皮球一樣有好彈性，越彈越高。

因此可以利用 0050「好彈力且長期上揚」的特性，越跌的時候加碼進場，只要已經確定大盤是會反彈的，0050 跟大盤連動性高，跟皮球一樣，下跌時也會往上彈回去，而且如果將皮球越是施壓，反彈力道越大，我們就要好好利用這一點，當 0050 大幅下跌的時候，加碼買進，等日後反彈，提高你的報酬率！

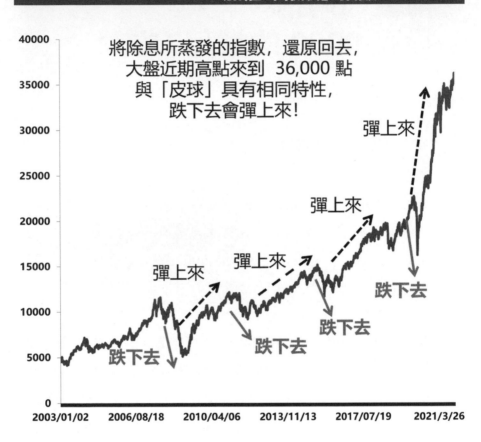

2003~2021 加權「報酬」指數

將除息所蒸發的指數，還原回去，
大盤近期高點來到 36,000 點
與「皮球」具有相同特性，
跌下去會彈上來！

（資料來源：CMoney 法人投資決策系統，圖片來源：夏綠蒂自製）

● 假設單日跌幅超過 5％，再加碼投資 5,000 元，
還有……

一樣在每年開盤的第 1 天買進 5,000 元的 0050，然後在年度的開盤日中，若當日跌幅有超過 5％，就再加碼投資 5,000 元。在 2008 年金融海嘯時期，單一年度有多達 7 次的加碼，近期比較近的一次，是 2020 年初，新冠肺炎席捲全球，當時大家對這病毒完全不了解，又突然間傳染許多人，各國封城消息不斷，台股也下殺不少。

而此時趁 0050 股價跌幅較大，逢低買進，從 2003 年持續這投資方式、連續做 19 年，到 2021 年底時，本金總共投入 16.5 萬，帳戶價值將近 69.9 萬，累積報酬率高達 323.84％。

0050 每年第 1 天開盤買進, 當日跌幅達超過 5% 加碼 + 股利再投入, 截至 2021 年累積報酬率為 323.84%				
買進日期	當日收 盤價	累積本金	年底帳戶 價值	年底 報酬率
2003/6/30	37.08	5,000	6,192	23.84%
2004/1/2	47.3	10,000		
2004/3/22 加碼	47.43	15,000		
2004/5/17 加碼	41.02	20,000	22,691	13.46%
2005/1/3	48.3	25,000	30,436	21.74%
2006/1/2	50.55	30,000	42,836	42.79%
2007/1/2	58.45	35,000	52,888	51.11%
2008/1/2	60.1	40,000		
2008/1/22 加碼	53.7	45,000		
2008/10/8 加碼	40.19	50,000		
2008/10/27 加碼	30.1	55,000		
2008/11/6 加碼	34.23	60,000		
2008/11/13 加碼	31.6	65,000		
2008/12/2 加碼	30.6	70,000		
2008/12/12 加碼	32	75,000	68,350	-8.87%
2009/1/5	34.2	80,000		
2009/1/8 加碼	32.43	85,000	136,672	60.79%
2010/1/4	56.5	90,000	160,059	77.84%
2011/1/3	61.45	95,000		
2011/8/5 加碼	54.45	100,000	143,832	43.83%
2012/1/2	49.06	105,000	166,515	58.59%
2013/1/2	54.4	110,000	191,506	74.10%
2014/1/2	58.55	115,000	228,943	99.08%
2015/1/5	66.55	120,000	219,388	82.82%
2016/1/4	59.55	125,000	268,543	114.83%
2017/1/3	71.9	130,000	325,984	141.47%
2018/1/2	82.6	135,000		
2018/10/11 加碼	77.4	140,000	319,514	128.22%
2019/1/2	74.05	145,000	429,734	196.37%
2020/1/2	97.65	150,000		
2020/1/30加碼	92.15	155,000	564,663	264.30%
2021/1/4	124.35	160,000		
2021/5/11加碼	133.25	165,000	699,331	323.84%

（資料來源：CMoney 法人投資決策系統，圖片來源：夏綠蒂自製）

善用股價下跌時加碼，提高報酬率

	無加碼	有加碼
	(1)每年開盤第 1 天買進 5 千元 (2)每年領到的現金股利再投入 0050	(1)每年開盤第 1 天買進 5 千元 (2)每年領到的現金股利再投入買 0050 (3)單日股價跌幅超過 5% 再加碼 5 千
投入總本金	$95,000	$155,000
2021年底帳戶價值	$ 337,660	$699,331
累積報酬率	255.43%	323.84%

（圖片來源：夏綠蒂自製）

NOTE

Part **5**

認識最適合存股的標的──0056

0056 的兩大迷思，投資人注意！

　　近幾年存股風潮掀起，許多投資人都想要靠豐厚的股利提早退休，但又擔心選到不好的股票怎麼辦？於是 0056 出現了，0056 全名是「元大台灣高股息證券投資信託基金」。因為是 ETF 所以不用擔心下市的問題，而 ETF 可以想像成是買一籃子的股票，不會因為其中某一檔公司變成壁紙，造成我們整個持股崩壞，而這一籃子都是收納「高股息」股票，0056 因此也成為近年頗受歡迎的標的。

　　0050 追蹤的指數是「台股市值前 50 大」的公司，而 0056 追蹤的指數是「台灣高股息指數」，因為高股息，吸引很多人投資，特別是存股族的青睞。0056 看似沒什麼問題，也適合存股，但我認為有兩個常見的迷思，在本篇分享給大家。

● 0056 跟 0050 一樣，是指數型基金？

　　0056 是從台灣 50 和中型 100 內選股，所以很多人會認為，既然是從台灣市值前 150 大的公司選出標的，那 0056 就是跟大盤會有差不多的報酬率。不是的，我們先看看公開說明書寫著：「選

取未來一年「預測」現金股利殖利率最高的 30 家公司作為成分
股」，因此公開說明書已經表示「預測」，所以有涉及「人為挑
選」，並不是跟大盤指數貼近。

選股未來一年預測現金股利殖利率
最高的 30 家公司

D.預測現金股利殖利率

　　臺灣高股息指數從臺灣 50 指數與臺灣中型 100 指數成分股中，選取未來一年預測現金
股利殖利率最高的 30 家公司作為成分股，並以預測現金股利殖利率為指數成分股加權
依據。預測現金股利之資料取自國際專業財金資料庫 Thomson Reuters 系統中，未來一

（圖片來源：台灣高股息 - 公開說明書）

● 大盤雖上漲，0056 卻因股利預測錯誤連跌 1 個月

　　以下舉個這幾年蠻經典的一個例子說明，摻雜人為因素，造
成股利不如預期，讓 0056 股價狂跌 1 個月！

　　【故事開始囉……】

　　在 2017 年 Q1 的時候，0056 的成分股含有潤泰全（2915），
也就是 0056 的專業團隊認為潤泰全會發高股息。我們先看看潤泰
全的歷年股利，在金融海嘯 2008 年過後，每年穩定發放股利，而
且有越來越多的趨勢。當年還有一個更讓人振奮的消息，潤泰全
2016 年 EPS 為 8.4 元。公司營利如此高，大家預期股利會發很高，
難怪被選入 0056 的成分股。

　　【但是，故事總是有個但是……】

　　「潤泰全 2016 年 EPS 為 8.4 元，但是不分派股利」。

　　此消息一公布，股價立刻跌停，連帶影響 0056 股價下挫。

【從這個故事告訴我們……】

　　0056 的成分股是人為選取的，若是像潤泰全一樣跌破大家眼鏡、股利不發放，那麼以追蹤高股息為主的 0056，股價可能因此下跌不少，所以**證明了 0056 不是指數型基金，因為涉及人為選股因素。**

股票種類	股票代號	股票名稱	持股比率	產業類別	持股比率
	1101	台泥	2.00%	水泥工業	2.00%
	1477	聚陽實業	2.34%	紡織纖維	2.34%
	2325	矽品	3.39%	電子工業	3.39%
	2542	興富發	5.81%	建材營造	5.81%
	2883	開發金	2.39%	金融保險業	5.90%
	2886	兆豐金	3.51%	金融保險業	5.90%
	2915	潤泰全球	4.37%	貿易百貨	4.37%

民國106年第1季　元大台灣高股息證券投資信託基金 公司代號：　A00005 公司名稱：元大投信

（圖片來源：證交所）

潤泰全（2915）歷年現金股利除了 2009 年之外，
其餘年度穩定發放，且股利有增加的趨勢

股利發放年度	現金股利(元)
2017	0.79 註
2016	1.6
2015	6
2014	5
2013	3
2012	1
2011	1.3
2010	1.3
2009	0

註：潤泰全原本不配息，後來改為發 0.79 元股利

（圖片來源：CMoney 股市）

本資料由 （上市公司）2915 潤泰全 公司提供

序號	2	發言日期	106/03/24	發言時間	17:29:55
發言人	李天傑	發言人職稱	副總經理	發言人電話	81617999
主旨	董事會決議股利分派				
符合條款	第 14 款	事實發生日	106/03/24		

說明
1．董事會決議日期：106/03/24
2．股東配發內容：
　(1)盈餘分配之現金股利(元/股)：0
　(2)法定盈餘公積、資本公積發放之現金(元/股)：0
　(3)股東配發之現金(股利)總金額(元)：0
　(4)盈餘轉增資配股(元/股)：0
　(5)法定盈餘公積、資本公積轉增資配股(元/股)：0
　(6)股東配股總股數(股)：0
3．其他應敘明事項：
　105年淨利約新台幣(以下同)74.54億元，
　經彌補因會計處理而調整累積虧損之
　數額約0.51億元，提列法定盈餘公積約7.4億元
　及自淨利及期初未分配盈餘分別提列
　約66.58億元及0.05億元之特別盈餘公積後，
　可分配盈餘0元。
4．普通股每股面額欄位：新台幣　10.0000元

（圖片來源：時報資訊）

0056 股價（2017/3 月~4 月）

2017/3/27

2017/3/27 潤泰全（2915）
公布股利不發放，連帶影響
0056 股價下跌將近 1 個月

23.96

（圖片來源：籌碼 K 線）

● 0056 殖利率很高，報酬率也一定很好？

殖利率高不等於報酬率好，這是兩回事，很多人認為，殖利
率高代表公司獲利好，才有辦法發放股利給股東。其實，有些公
司為了維持高殖利率，甚至會借錢來發配股息，這樣的公司，你
覺得好嗎？

● 0056 殖利率高，但年化報酬率卻比 0050 低

0056 近 5 年的殖利率平均為 5%，而 0050 的殖利率約 2.5%，
但從右圖的股價漲幅來看，特別是從 2016 年開始，0050 的上漲

幅度 > 0056，0050 的股價從 50 元左右飆漲到將近 140 元。反觀 0056，股價大約從 15 元跑到 32 左右，兩者相差甚大！

是什麼原因造成股價差異如何大呢？原因很簡單，**主要是因為 0050 有台積電（2330），而 0056 沒有包含！**因為台積電近 10 年平均殖利率為 3.45％並不高，所以沒有被挑進 0056 的成分股，而 0050 是抓市值最大的前 50 檔股票，台積電每年都有入選 0050 成分股。隨著台積電股價上漲，0050 股價也跟著受惠上漲！

（資料來源：CMoney 法人決策系統，圖片來源：夏綠蒂自製）

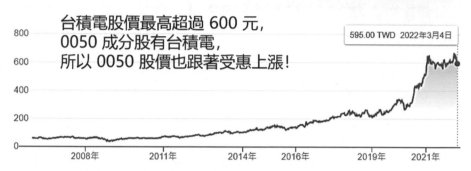

台積電股價

台積電股價最高超過 600 元，
0050 成分股有台積電，
所以 0050 股價也跟著受惠上漲！

595.00 TWD　2022年3月4日

（資料來源：CMoney 股市）

● 0056 納入過去沒配息的長榮海運，還能有高股息的特性嗎？

　　長榮海運（2603）在 2021 年 EPS 為 45.57 元，發放 18 元現金股利，以股價 145 元計算（2022 / 3），殖利率為 12.4％，市值大加上高股息，符合 0056 的選股標準，因此被選入成分股。

　　日後萬一長榮海運市值掉出台股前 150 大，或是殖利率太低，未來很有可能被剔除 0056 成分股，這機制也幫投資人把關，有自動汰換保持 30 檔高殖利率股的特性。

　　長榮海運股價若大幅下跌，0056 也會跟著受影響而跌落，股價我們無法控制，但對於長榮海運的每股配息 18 元是有把握的，殖利率 12.4％ 傲視許多股票，再加上 0056 具有分散風險及定期換股的特性，想投資 0056，不必太擔心成分股有誰。

「高股息」的 0056，
最受存股族喜愛！

　　0056 是從一籃子的高股息股票中，挑出未來殖利率最高的 30 檔股票。這 30 檔是從台灣 50 和中型 100 的當中挑出，而且這 30 檔成分股會變動，不用擔心買一籃子雞蛋，萬一有一顆臭掉該怎麼辦？也就是說 0056 會剔除殖利率變低的股票。

　　調整情況分為 2 種：

（1）**定期調整**：半年審核一次，於 6 月及 12 月第 3 個星期五調整。

（2）**非定期調整**：因為是從台灣 50 和中型 100 的成分股挑選 30 檔高殖利率，所以當台灣 50 和中型 100 的成分股有變動時，可能也會連帶影響 0056 成分股。

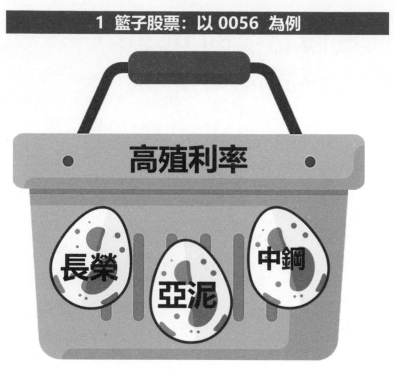

（資料來源：元大投信 2022 年 1 月）

● 0056 高股息的成分股是怎麼挑的？

　　因為是從台灣 50 和中型 100 的當中挑出標的，所以選出的股票也會相對穩定，**然後再從這 150 檔中估計 1 年現金股利殖利率，由高到低排名，挑選出前 30 名的股票，最後再用殖利率決定權重。**這當中的成分股是哪 30 檔呢？比重分別又是多少呢？你可以到發行券商的網站查詢 0056 成分股。以下為 2022 年 3 月擷取的前十大成分股：

0056 成分股與持股權重

| 前10大持股

標的名稱	產業	%	標的名稱	產業	%
長榮	工業	6.20	華碩	資訊技術	4.27
亞泥	原材料	4.64	廣達	資訊技術	4.08
聯詠	資訊技術	4.55	仁寶	資訊技術	3.97
中鋼	原材料	4.30	友達	資訊技術	3.96
聯強	資訊技術	4.30	光寶科	資訊技術	3.96

● 0056 的年化報酬率為 1.95％，年均殖利率為 5％

　　0056 自 2007 年成立以來，除了金融海嘯期間股價下跌，後續緩緩上漲，長期來看股價波動並不大，股價年化報酬率是 1.95％，殖利率平均每年約 5.48％，比起定存 1％高出不少，所以 0056 是適合需要有穩定「現金流」的人，例如：退休族，每年要有定期收入來維持生活所需。

0056 股價走勢圖

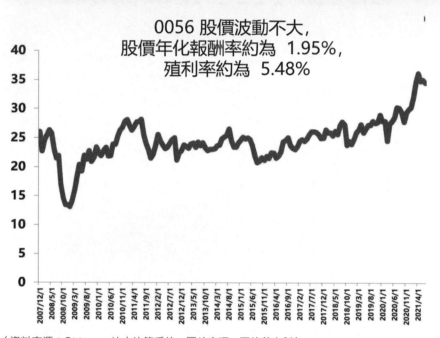

0056 股價波動不大,
股價年化報酬率約為 1.95%,
殖利率約為 5.48%

（資料來源：CMoney 法人決策系統，圖片來源：夏綠蒂自製）

一圖秒懂 0056 的配股配息！

在上一篇文章已經介紹 0056 的基本概念，我們再來簡單複習一下幾個重點：

（1）0056 是什麼？是指挑出未來殖利率最高的 30 檔股票的指數型基金，（2）0056 是一籃子的高股息股票，從台灣 50 和中型 100 的當中挑出 30 檔，（3）0056 的年化報酬率為 1.95％，同期間大盤加權報酬指數為 8％。

● **你知道嗎，0056 竟然不一定每年配息！**

投資人買進 0056 主要是因為，它是追蹤高股息的指數型基金。但別以為每年都會穩定發股利，根據 0056 的公開說明書，關於是否分配收益給投資大眾，已經說明：投資所得的現金股利－（應負擔的費用＋資本損失）＞ 0 才會分配股利，對特定資產高買低賣而造成的未實現財務損失也包含在內。再詳細說明一下，什麼是「資本損失」，0056 在換股的時候將股票賣出，就會產生損失或利益。

資本損失包含已實現及未實現損失。

【舉個例子】：

A 公司原本被納入 0056 中，但在 9 月調整成分股的時候被剔除了，當初買進 A 公司的價格是 25 元，但現在賣出只有 17 元，損失了 25 - 17 ＝ 8 元。而當年度收到的現金股利是 5 元，上一段說過：**投資所得的現金股利－（應負擔的費用＋資本損失）＞0 才會分配股利，所以 5 元股利－ 8 元損失＜ 0，於是 0056 當年度就不會分配盈餘了。**

上述的例子是賣掉股票，屬於已實現損失，如果是沒有賣掉股票，目前股價低於買入時的價格，這就是未實現損失。

二十一、是否分配收益

(一)本基金成立日後，經理公司應依收益評價日(即每年九月三十日)之本基金淨資產價值進行當年度收益分配之評價。

(二)本基金可分配收益，除應符合下列規定外，並應經金管會核准辦理公開發行公司之簽證會計師查核出具收益分配覆核報告後，始得分配：

1. 本基金每受益權單位可分配之收益，係指以本基金受益權單位投資所得之現金股利及本基金因出借股票而由借券人返還之現金股利扣除本基金應負擔之費用後之可分配收益且不需扣除已實現及未實現之資本損失。

2. 前款可分配收益⋯⋯資本利得扣除⋯⋯金於收益評價⋯⋯基金每受益權⋯⋯分配收益之除⋯⋯價格。

白話文：
雖然 0056 有現金股利等可分配的金額，但扣除資本損失（包含未實現）後，是沒有盈餘的，所以 0056 可能會某些年度沒有配息

（圖片來源：台灣高股息 - 公開說明書）

● 2008 年及 2010 年沒有發放股利

在 2008 年及 2010 年這 2 個年度沒有分配股利，讀完上段文字，不發放配息的原因我想你已經知道了。以 2010 年為例，根據寶來台灣高股息證券投資信託基金於 2010 年之收益不分配事項公告，「經 2010 年 9 月 30 日收益評價日之基金分配評價報告，本基金已達收益分配標準，**但經會計師審核本基金可分配金額扣除已實現及未實現資本損失後，無盈餘可供分配，因此 2010 年本基金將不予分配收益。**」白話文就是說：本年度收到的現金股利＜資本損失，所以不能發股息啦。

● 0056 的現金股利及殖利率

0056 在 2007 年底成立以來 14 個年度，近年發放的股利金額較為穩定，平均每年發 1.5 元，另外 2008 年與 2010 年沒有股息，原因在上一段文字有說明，就是受到「收到的現金股利－資本損失＜ 0」所影響。

另外在 2009 年與 2011 年的股利明顯較高，就是跟 2008 年與 2010 年沒有配息有關，資本損失包含未實現損失，然而隨著成分股股價變動，未實現損失有可能變成利益，如此現金股利變成發放，出現當年度沒有股利，而隔一年度股利較多，有點兩年發一次配息的味道。

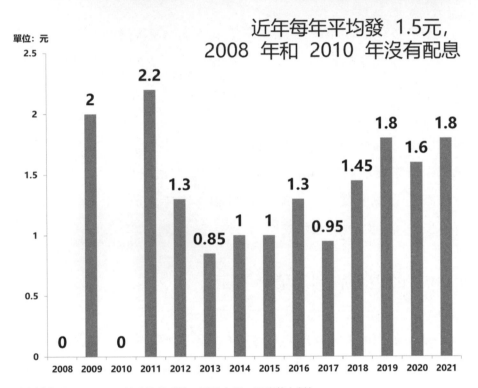

（資料來源：CMoney 法人決策系統，圖片來源：夏綠蒂自製）

● 「殖利率」近 5 年平均 5.42% 左右

　　殖利率＝股利／股價，所以殖利率的高低會受到股利多寡與股價高低的影響，近幾年殖利率下降，是因為股價上漲帶來的影響。

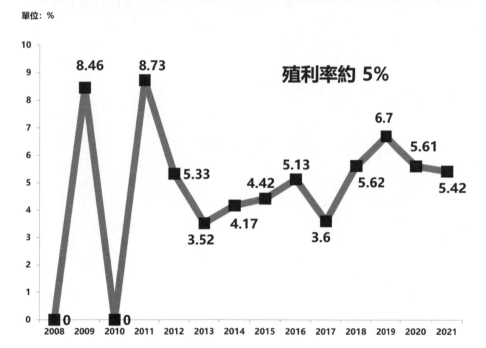

0056 殖利率

單位: %

（資料來源：CMoney 法人決策系統，圖片來源：夏綠蒂自製）

● 0056 適合「存股」嗎？

　　存股這兩字在台股市場掀起旋風，確實標的選得好，存股票會比存銀行好很多，那我們來檢視一下 0056 有沒有達到存股的標準？一般而言，存股就是要有穩定的配息，以便支撐生活費過活，若是達到了，就能從職場退休。

（1）**投資標的不容易倒→符合存股條件**

0056 是從台灣 50 與中型 100 中選股，挑出預估殖利率最高的 30 檔股票，而台灣 50 與中型 100 每季會定期調整成分股，剔除較差的公司，加上是台灣前 150 大的公司，0056 從中選股相對穩定，**因此 0056 具備不容易倒的特性。**

（2）**發放的股利高且穩定→符合存股條件**

0056 近 5 年現金股利為 1.5 元，平均殖利率為 5.42％，相對於銀行定存大約 1％左右，0056 提供的配息是 5 倍。若與 0050 相比，殖利率約 3.3％，0056 的殖利率高出一倍，因此我認為 0056 股利相對高，具備每年產生穩定現金流的特性。

為何 0056 的股價
總是「區間整理」?

前文說明 0056 的常見迷思中有提到 0056 殖利率高,但年化報酬率卻比 0050 低,主要是因為 0050 有台積電、而 0056 沒有包含!除了這個原因之外,現在還要補充 2 個因素:

(1)0056 並不是參與企業成長性為目的。

(2)股價太高,會讓殖利率下降。

我們繼續往下看更詳細的說明……

● 0056 股價走勢總在區間徘徊

0056 過去的股價大約在 22 ～ 30 元徘徊,然而在 2021 年間幾乎都跳上 30 元以上,最高還有突破 35 元,但不表示 0056 永遠只會在這區間遊走,過段時日可能區間的股價會有所不同。主要說明了它的特性是:會在某個區間徘徊,並不會突然快速上漲,至於背後的原因,下文會繼續說明。

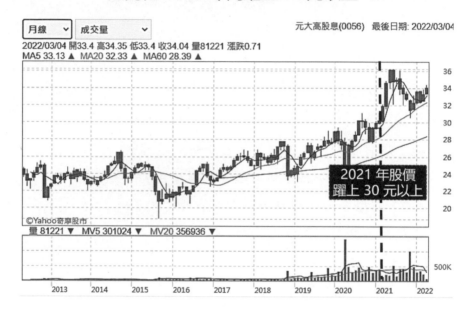

0056 股價走勢圖

**0056 過去股價約 22~30 元徘徊,
然而在 2021 年間躍上 30 元以上**

● 0056 目的是挑選「殖利率高」的股票

　　0056 成分股是由台灣 50 指數及台灣中型 100 指數成分股中,符合流動性測試標準,挑選未來一年「預測現金股利殖利率最高」的 30 檔股票,並非挑選「具有成長力」的公司,**因此成分股中,可能有殖利率高但競爭力較低的企業。**

　　舉個例子,國巨(2327)在 2018 年 EPS 高達 80 元,股價突破 1,000 元,是當時熱門的股票,因此在 2019 年發放 44.38 元的

高額股利，然而股價卻一路下滑腰斬，使得殖利率有 15％左右，因此被納進 0056 成分股當中，但是國巨之後的發展，不若 2018 年的高峰，因此股價也沒有重返千元。

● 指數的股價表現，是從成分股漲跌加權計算出來的

好比一個便當有菜、雞排、蛋及白飯（成分股），今天因為菜農種菜太多，導致菜價下跌，又遇到雞肉供給過剩，價格也大跌，便當價格（指數）也會跟著下降。（現實中不易遇到便當價格下跌，只是這樣比喻比較好懂）。而在 0056 成分股當中，也有類似的例子，成分股的股價大跌或是漲不高，是因為不一定會挑選出有競爭力企業，而成分股若沒有競爭力，則股價也不容易長期漲，這也就是為什麼 0056 股價一直無法太高的原因之一。

● 股價太高，會讓殖利率下降

既然是標榜高殖利率，若殖利率過低，則買的人就會減少。近年的每年平均現金股利為 1.5 元，當股價 20 元時，殖利率為 7.5％；當股價 25 元時，殖利率為 6％；當股價 30 元時，殖利率為 5％；當股價 35 元時，殖利率為 4.29％；當股價 40 元時，殖利率為 3.75％；因此當 0056 股價太高就沒有吸引力了。

這也是為什麼，在一開始有提到，0056 的股價在區間徘徊，在股利發放的金額穩定之下，當股價接近 35 ～ 40 元，殖利率就

低於 5％，這時候容易引起投資人賣出，一方面是殖利率不高了，
另一方面則是享有價差的獲利，先了結賣出。

股利 1.5 元計算:	
股價	**殖利率**
20	7.5%
25	6%
30	5%
35	4.29%
40	3.75%

　　上圖是根據 0056 股利每年平均是 1.5 元計算，日後若股利提
高，那麼股價也會上漲，例如：配息 2 元，殖利率 4% 則股價為
50 元；殖利率 5% 股價為 40 元；殖利率 6% 股價為 33 元。有沒
有發現殖利率 4% 時，股價已上漲到 50 元，因此未來配息更高的
話，會使區間徘徊的 0056 股價跟著提高。

Part 6

買房收租？
不如認識 REITs
房地產基金卡實在！

買房地產基金，
讓你成為包租公！

● 買房花 5 個月，買股花 5 分鐘

　　房地產跟股票都是投資標的，有趣的是，9 成的投資者在決定購買房子之前，會先看數十間案件，針對附近的生活機能、交通、格局、採光甚至是鄰居，都會進行深入了解。然而對於買賣股票，9 成的人下單買進之前只花了幾分鐘，**諷刺的是就連逛大賣場買電腦，還會事先上網查一下評價、性能等等，選擇 3C 產品花費的時間還比股票多。**

● 房地產的特性：價格下跌也不會斷頭

　　買房的人幾乎都要跟銀行借錢，大致上房子總價的 8 成是貸款金額，而在股市如果要借錢，會運用到「融資」。兩者都有財務槓桿的情況下，股票風險較大，因為股價一旦暴跌很容易需要補繳保證金，否則就會被斷頭賣在低點，損失的金額會讓投資者欲哭無淚。但在房地產，除非是沒有正常繳房貸，否則房子市價

下跌也不會遭到銀行拍賣，自住者亦不會因為跌價而驚慌賣出屋子，**同樣都有槓桿，安全性卻大不同，房產安穩許多。**

● 只要 3,000 元就能讓你成為包租公

大多數的人終其一生都想要有一間自己的房子，房屋讓我們有歸屬感和家庭的溫暖，但有些人也會利用房地產投資，賺取租金或價差，不論是想買房自住亦或投資，都是需要一大筆資金。在周星馳的電影《功夫》當中，包租婆只要在家翹腳喝茶，房租就源源不絕的流進口袋，羨煞了許多人，我們也想當包租公，但卻沒有太多的本金怎麼辦？

● 投資房地產的方式有 2 種

（1）實體擁有

第一種是大家最常見的，直接買下房子，實體的擁有和經營。例如：自住或出租的房屋，大家都知道房價很高，到底有多高呢？我們用房價所得比來評估，**房價所得比是指住房價格與城市居民家庭年收入之比，講白話一點就是平常新聞聽到的，不吃不喝幾年才能買房。**

以撰寫當下內政部最新的資料 110 年 Q2 為例，全國房價所得比為 9 倍，而台北竟高達 15 倍，新北市也不惶多讓 12 倍，而鄰近的二線城市基隆市僅有 6 倍，難怪為近年許多首購族轉往的地

區。基隆雖然相對便宜，不過也因為地理、氣候不佳，發展機會沒有雙北那麼多，因此若是想靠投資房地產賺一手，恐怕機率比較小。

　　然而買進房產，不論是自住或是投資，一定是希望可以上漲，房價便宜的地區如基隆，城市前景沒那麼優良，也很難期待房價會有很大漲幅，**如果想要買在精華地段，但本金又很小該怎麼辦？這時候可以利用第二種方法房地產信託（REITs）。**

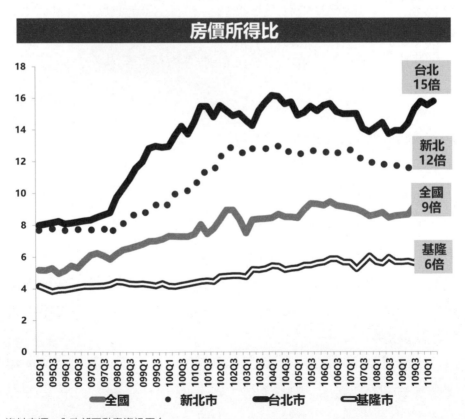

資料來源：內政部不動產資訊平台

（2）房地產信託（REITs）：集資買不動產

第二種方法是持有房地產信託（REITs），例如：購買房地產公司的股票、房地產證券憑證，或房地產信託的指數基金等。REITs（Real Estate Investment Trust）為「不動產投資信託」，又稱為房地產投資信託，類似共同基金，投資標的為不動產及其相關產品，主要藉由一般投資人的資金募集，將不動產證券化，**使一般人也可以用小額參與房地產，藉以獲得不動產租金及增值利益。**其種類繁多，包括購物中心、辦公大樓、停車場、醫院等，而且投資人也不需要實質持有不動產標的，省去管理上的困擾。它的好處有：

1. 流通性佳

REITs 就像股票一樣，可以在市場上被交易，且流通性比實體不動產優。

2. 收益穩定

REITs 主要收入來自租金，收益較穩定，美國法令規定，REITs 必須將當年度 90％的收益，以股利形式分配給股東。

3. 抗通膨

REITs 還有一個特點是抗通膨。民眾預期未來的物價將以較大的幅度上揚，因此資金通常會流向能夠保值的商品，此時不動產會成為熱門的投資標的之一。租金方面也因為房價上漲，買不起房或是企業更不想買大樓的情況增加，此時讓租金亦可隨著物價水準向上調整，可謂是房價價差及租金雙賺。

● 全球化的房地產配置：VNQ

美股代號 VNQ 是一檔由 Vanguard 所發行的不動產信託 ETF（REITs ETF），於 2004 年 09 月 23 日成立至今，費用低廉每年僅 0.12％，資產規模 337.3 億美元，共持有 190 檔證券。

（1）持股類別：全部與美國房地產相關

VNQ 的產業類別都是房地產，種類又分為很多種，包括住宅、購物商場、度假酒店、辦公大樓等等，又以商業類別佔 4 成左右最多，果然還是聚集人潮的商業地區較賺錢。這讓我想到台北市的微風南山廣場，傳出一坪租金竟高達 4,600 元的天價，擠下 101 大樓的每坪 4,400 元，改寫行情紀錄。而各個不同的產業遭到寒冬，也會連帶影響 VNQ，例如：電子商務崛起，零售業者面臨關門潮，同時也會拖累 REITs 股價相對走弱。

（2）前十大持股：基地台租賃公司佔比高達 10%

前 10 大持股就佔了總資產的 41.3 ％，最大持股是投資 Vanguard 自家的房地產指數基金，其實 Vanguard 房地產 II 指數基金的持股跟 VNQ 差不多，且費用更低只有 0.08％，只是差別是最低投資額要 1 億美元。

（3）基地台租賃業務

第二大持股是美國鐵塔 7.05％，佔比 4.23％的冠城公司同是屬於經營基地台租賃業務。美國鐵塔的基地台數量從 2004 年的不到 2 萬座，到 2018 年全球運營 17 萬座基地台，成長幅度驚人，同時也因為在鐵塔的租賃合約中，考量通膨問題，所以規定每年

上調租金約 3％，這無疑是一筆可觀的收入。

　　而另一個優勢是：租來的土地年限都很長期，租約平均期長達 28 年，所以對短期來說，營收銳減的風險很低，營收連續 14 年成長，年化複合成長率達 18.3％，冠城公司基地台約 4 萬座，專攻美國市場，營收連續 14 年成長，年化複合成長率達 16.9％。

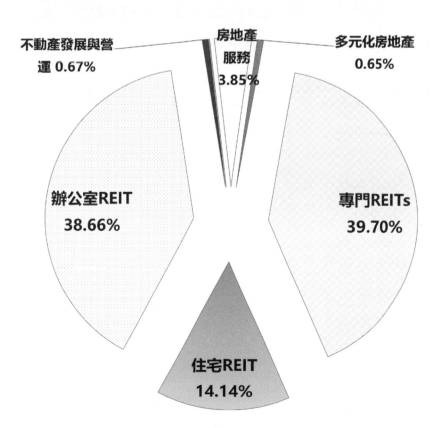

VNQ 持股類別

不動產發展與營運 0.67%

房地產服務 3.85%

多元化房地產 0.65%

辦公室REIT 38.66%

專門REITs 39.70%

住宅REIT 14.14%

（4）零售業房地產

美國最大的上市零售 REITs，西蒙房地產集團公司也佔比 2.58％（2021 年 11 月份資料），旗下包括區域性購物中心、高級工廠直銷中心、大型城市購物中心等。西蒙地產的營業收入以基礎租金＋綜合維護費為主，收入佔總收入佔比約 90％。除了租金之外，還能向主要零售地產租戶的超額銷售按比例收取。

看到 VNQ 的持股都是房地產的龍頭企業，想必投資人可安心領股利了，或許有些人會擔心 VNQ 只投資美國地區，但其實很多企業都是國際性公司，例如**上述提到的美國鐵塔、西蒙，在海外也有很多據點，算是間接投資全球房地產了。**

Vanguard 房地產 II 指數基金

Fund facts

Asset class	Specialty
Category	Real Estate
Expense ratio as of 05/24/2018	0.08%
Minimum investment	$100,000,000
Fund number	2023
CUSIP	922031695
Fund advisor	Vanguard Equity Index Group

資料來源：https://investor.vanguard.com/mutual-funds/profile/VRTPX（2021 年）

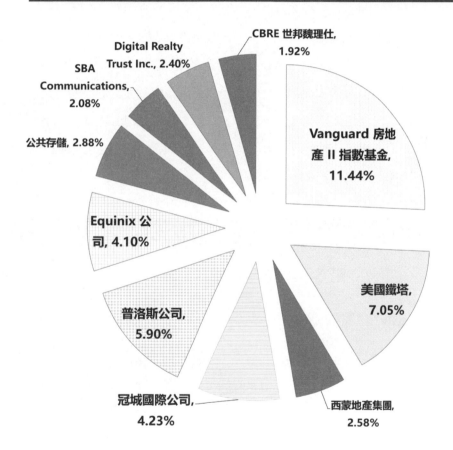

VNQ 前十大持股

- CBRE 世邦魏理仕, 1.92%
- Digital Realty Trust Inc., 2.40%
- SBA Communications, 2.08%
- 公共存儲, 2.88%
- Equinix 公司, 4.10%
- 普洛斯公司, 5.90%
- 冠城國際公司, 4.23%
- 西蒙地產集團, 2.58%
- 美國鐵塔, 7.05%
- Vanguard 房地產 II 指數基金, 11.44%

● 股利及殖利率：近 10 年平均殖利率為 4.3％

　　VNQ 為每季配息，誠如上述所提到的，REITs 必須將 90％的盈餘分配給股東，所以基本上股利等於收租的租金，2008 年殖利率高達 6.87％，因為即便景氣變差，房租還是可以穩穩收進口袋。

● VNQ 殖利率 4.13％＞買房收租報酬率 2.06％

　　若以穩定的現金流來看，房子必須要出租才有收入，根據 Global Property Guide 數據顯示，**台灣的租金收益率為 2.06％**，也就是你拿了一筆錢真的買一棟子，然後出租給他人的報酬率僅有 2％左右。而如果把錢投資 VNQ，近 5 年每年股利約 3.3 元、股價約 80 元，則平均殖利率為 4.13％，是買房投資租金收益率的 2 倍，一樣都是當包租公，收益卻大不同。

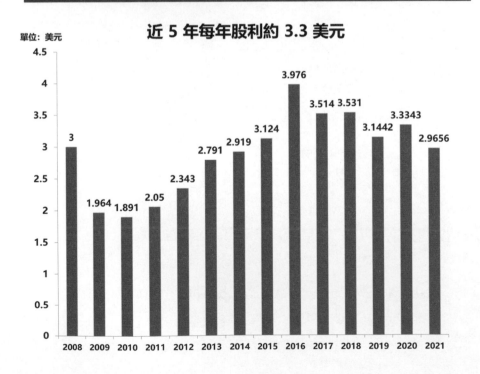

VNQ 股利

近 5 年每年股利約 3.3 美元

單位: 美元

2008: 3
2009: 1.964
2010: 1.891
2011: 2.05
2012: 2.343
2013: 2.791
2014: 2.919
2015: 3.124
2016: 3.976
2017: 3.514
2018: 3.531
2019: 3.1442
2020: 3.3343
2021: 2.9656

● VNQ 的股價走勢

　　VNQ 主要是因為 REITs 是以收租為主，不會一直將房子頻繁買進，房價也不會炒高，這部分跟台灣很不一樣。在國內常常聽到投資客買房轉手賺 100 萬，似乎很輕鬆，但這是需要高槓桿或高資金才有辦法操作的，**VNQ 現在一股約 105 元美金，約台幣 3,940 元（匯率 28 元計算），適合小資金又想當房東的人投資，讓你 3,000 元也能享受成為包租公的快樂。**

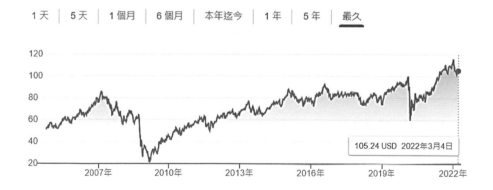

● 最後給你「我到底要不要買房？」的小建議！

　　最後回歸到人生總會面對的問題：到底要不要買房？我自己的看法是，擁有自己的房子確實比較有歸屬感，會想要認真布置

與裝潢，這種心靈層面的滿足感是金錢無法衡量的，也是租屋很難體會的感覺。

如果每月房貸低於家庭收入的 20％，那我覺得可以買房，一般建議大多都是房貸不要超過收入的三分之一，但我認為不要超過 2 成，因為這樣才有多餘的錢去投資，畢竟台灣房價高，小資族一旦在年輕的時候買房，往往就會陷入 20 ～ 30 年的房奴生活，最好還是要有部分閒置資金投資，創造穩定現金流、讓資產成長，才是有益的循環。

在年輕人薪資不高的時候，比較折衷的方法是善用台灣租金便宜的特性，先投資 VNQ，每年賺美國房地產租金 4％，拿來繳台灣的房租，並逐漸讓自己的整體資產增值，等到時間久了，資金變大或房價明顯下跌，屆時再出手買進自己的家。

Part 7

用 10 分鐘搞懂
美股基金，賺更多！

投資美股有哪些好處？

　　近幾年踏入投資理財的人越來越多，而且也跨足海外，其中又以「美股」最受歡迎。另外「存股」在台灣已經成顯學，人人都想靠著股市替自己帶來穩定現金流，或是資產翻倍提早退休，因此定期定額將薪水放置在股票的投資模式，也頗受投資人喜愛。

　　然而買美股對許多人而言，有一定的障礙，畢竟語言、下單平台、標的選擇等等，都不若台股那麼熟悉，更遑論「存美股」。別擔心！我在這一章節會分享，該怎麼買進美股。

● 投資美股的好處

好處 1、跨國知名企業，都能買！

　　聞名全球的企業，有許多是來自於美國，例如：臉書、Google、Costco、蘋果公司（AAPL）等，若能成為他們的股東，就能讓自己的資產跟隨公司成長。相比台灣產業，很多都是相關供應鏈而已，時常在報章媒體中看到「Apple 訂單滿手，台股供應鏈受惠」等等字眼。換句話說，台灣企業只能分到國際大公司給的一杯羹，但投資美股市場，直接持有最源頭的企業，就能吃

到一大塊肉。例如：對 iPhone 有興趣，就找蘋果公司、對零售市場看好，就買好市多（Costco）。

好處 2、交易單位為「一股」，門檻低

台股的交易單位是以「張」，也就是 1,000 股為一個單位，雖然在 2020 年 10 月已經開放盤中零股交易，但是成交量不似美股那麼大，而美股交易單位為「一股」，門檻很低。以 2022 年 3 月蘋果公司的股價 163 美元（163 美元 × 匯率 28）來看，最低只要台幣 4,564 元就能成為股東。

好處 3、被動投資 ETF 報酬率，美股比台股優

除個股外，被動投資也很盛行，在台股最知名的就是 0050。而美股，可以一次投資全美國，甚至是全世界的 ETF，像 SPY、VTI、VT 等。到底哪一種標的比較好，可用年化報酬率來評比。

年化報酬率意思就是把複利加計進去，進而算出平均一年的報酬率，並非是平均報酬率，也不是把累積報酬／年限那麼簡單。如此一來，不同的商品都是用「一年」為時間單位，一眼就能看出誰勝出。搞懂年化報酬率的意思之後，來看一下各自的報酬率是如何？過去我曾回測過，0050、SPY 與 VT 的近 10 多年的年化報酬率，數據如下：

- 0050：9.89％
- SPY：15.88％
- VT：11.94％

　　看第一眼感覺三者差異不大，SPY 與 VT 只比 0050 好一點而已，但長期投資的角度來看，美股 ETF 報酬率如果每年平均比 0050 高 1%～2%，2%的差異累積 40 年，最後累積的資產可是會差了 1.5 倍喔。

● 存股是個假議題嗎？

　　很多投資理財的文章會跟你說，「存錢不如拿來存股」、「當銀行客戶不如當銀行股東」，於是存股成了台股中的顯學。而我個人覺得存股是好的概念，把錢投入股市，讓資產隨著優良企業成長，這是一項很棒的投資，但是有限制，不是所有的股票都適合存。我認為可以存的股票有 2 種：

1. 買下一個「單一國家」或「國際市場」的 ETF
2. 跨國大型穩健的企業，但仍舊需要定期檢視財報

　　第一種就是讓存款跟著一個或數個國家的經濟一同成長，長期而言經濟是向上發展，股市跟經濟的連動性高。因此時間拉長來看，這類的股票就是會漲，這樣的模式就是被動投資。第二種買進大型穩健的企業，好比蘋果公司、好市多等全球知名企業，好企業不斷的創新，就會帶來更多的盈餘。

　　投資它們有機會獲得比大盤還高的報酬率，但是，仍然需要定期檢視財報、產業概況等，需要付出較大的心力，好比百年企

業——柯達，數位化的來臨擊敗了它，最終宣布破產。在數十年前，肯定沒有人會想到柯達會倒閉。因此只要是投資個股，即便公司再優秀，也要定期追蹤相關訊息。

● 該怎麼投資美股？複委託 VS 海外券商

買進美股主要有兩種方式，第一是複委託，第二是開立海外券商帳戶。

（1）複委託：透過國內券商幫你到海外下單股票

在台灣買台股，我們會透過券商到台灣證交所買賣股票，同理，要買海外股票，也是需要透過券商到國外的交易所下單。而複委託的意思是，透過國內券商幫你到海外下單股票。複委託（Sub-brokerage）全名為「受託買賣外國有價證券業務」，投資人在能夠買賣海外證券的國內券商下單，國內券商收到投資人的委託單，再向國外券商下單。因為委託單經過國內及國外券商 2 次流程，因此稱為「複委託」。

大多數股票券商都有複委託的服務，帶著雙證件就能申辦，且需要搭配一個外幣存款帳戶。開完戶之後，券商的下單 App 通常都有國外股票的資訊，申辦的時候跟營業員說你要開通複委託交易服務，之後就能直接從券商的 App 下單投資海外企業。

複委託流程

國內券商收到投資人的委託單後，再向國外券商下單

我要
下單10股
波夏克BRK.B

投資人 ➡

幫投資人
下單10股
波夏克BRK.B

國內券商 ➡

海外券商

另外複委託要注意的事有：**複委託的手續費有低消！** 大約 4 ～ 20 美元不等。舉例：永豐金證券大戶投手續費 0.3％，最低手續費 4 美元來看，代表你單次至少要下單 1,333 美元以上才划算，若是低於這金額，例如下單 1,000 美元，手續費 1,000 美元×0.3％＝ 3 元，因為有低消的限制，照樣會收 4 美元手續費，那麼整體手續費率就不只 0.3％了。

（2）海外券商：各種股票、基金都能買

海外券商的好處是手續費便宜，這邊簡單介紹一下 Firstrade 第一證券。Firstrade 第一證券推出了股票、ETF、期權免手續費，掀起一陣話題，另外一個好處是，只要線上開戶即可，我自己開戶大約只花了 5 分鐘。此外，Firstrade 第一證券有 24 小時的中文免費電話專線，服務還不錯，算是滿簡單上手的海外券商。

一檔股票就能讓你投資全世界：VT

在台股，你可以投入台積電（2330）、大立光（3008）等，但需要非常龐大的資金才能全部買進，因此指數型基金可以解決這個問題，以台灣股市來看，最具代表性的便是 0050，讓你一次持有最大 50 間公司，但如果是想跨足國外呢？像是**想買進 Facebook、Amazon 等國際知名大公司**，指數型基金依舊可以搞定喔！

● 認識 VT（Vanguard 全世界股票 ETF）的創辦人柏格

Vanguard 是指數型基金之父 —— 約翰‧伯格（John Bogle）所創辦的，**堅持合理的低費率一直是 Vanguard 的原則**，提倡減少一分費用，就是多一分報酬，只要做好資產配置，然後隨著市場就可以獲取良好的報酬。約翰‧伯格在 1974 年創立先鋒集團，以追蹤標普 500 指數為架構，創造出史上第一個指數型基金，公司願景是幫客戶打造財富，他認為指數型基金可以讓投資者有高回報且低成本。柏格已於 2019 年 1 月離世，巴菲特曾公開表示：「如果要樹立一座雕像，用來紀念為美國投資者做出最大貢獻的

人，那麼毫無疑問應該選擇約翰」。

● VT 總管理費用低廉，僅 0.08%

VT 總管理費用在 2020 年開始降為 0.08%，2019 年是 0.09%
也很低，不過 VT 依舊持續降低費用。台股的 0050 總費用是
0.43%，VT 費用只有 0050 的 2 成左右，假如你投資 1 萬美元到
VT，一年的費用只有 8 美元，你就可以成為 Facebook、Apple 等
全世界知名公司的股東。

Annual Fund Operating Expenses
(Expenses that you pay each year as a percentage of the value of your investment)

Management Fees	0.07%
12b-1 Distribution Fee	None
Other Expenses	0.01%
Total Annual Fund Operating Expenses	0.08%

（圖片來源：VT 公開說明書）

● VT 網羅世界知名公司，其中以美國佔比最高

VT 追蹤的是 FTSE Global All Cap Index，該指數包含全球
49 個國家，共 9,000 多檔證券，投資組合包含 Apple、微軟、亞
馬遜、Facebook 等，還有巴菲特管理的公司：波克夏。**也就是說
買進 VT，就可以輕鬆請股神巴菲特幫你賺錢啦！其中，台積電**

（2330）也名列榜單上，位於第 9 名，僅次於波克夏，而前 10
大持股大約佔總資產的 15.6％。前 10 大持股可以看得出來以美國
知名公司居多，沒錯，VT 投資權重最高的國家就是美國，超過一
半以上，其次是日本 6.1％，眼尖的你如果有發現，台灣也榜上有
名，約佔比 2％，主要就是因為台積電的權重越來越大。

　　至於產業分布，佔最大比例的為科技類股，其次非必需性消
費，例如汽車、奢侈品等，接下來是金融、製造業、健康照護等
產業。VT 的產業組成分布很多很廣，具有分散投資的好處。

Ten largest holdings and % of total net assets [2]

Apple Inc.	3.5%
Microsoft Corp.	3.2
Alphabet Inc.	2.1
Amazon.com Inc.	1.8
Tesla Inc.	1.1
Meta Platforms Inc.	1.0
NVIDIA Corp.	0.9
Berkshire Hathaway Inc.	0.7
Taiwan Semiconductor Manufacturing Co. Ltd.	0.7
UnitedHealth Group Inc.	0.6
Top ten as % of total net assets	15.6%

（圖片來源：VT 官網）

\multicolumn{4}{c}{VT：投資前十大國家}
排名	國家		比重
1	United States	美國	60.00%
2	Japan	日本	6.10%
3	United Kingdom	英國	3.90%
4	China	中國	3.40%
5	Canada	加拿大	2.90%
6	France	法國	2.60%
7	Switzerland	瑞士	2.40%
8	Germany	德國	2.10%
9	Taiwan	台灣	2.00%
10	Australia	澳洲	1.90%

資料來源：VT年報。時間：2021.12.31。夏綠蒂整理

\multicolumn{3}{c}{Vanguard Total World Stock ETF / Vanguard全世界股票ETF(VT)產業分布}
產業類型		比重
Technology	科技	23.30%
Consumer Discretionary	非必需性消費	15.10%
Financials	金融	13.70%
Industrials	製造業	13.60%
Health Care	健康照護	11.20%
Consumer Staples	必須性消費	5.80%
Basic Materials	基礎原料	4.10%
Real Estate	不動產	3.70%
Energy	能源	3.60%
Telecommunications	電信	3.00%
Utilities	公用事業	2.90%

資料來源：VT年報。時間：2021.12.31。夏綠蒂整理

● VT 年化報酬率：11.94％

　　VT 從 2008 年 6 月成立，為了方便計算，我們從 2009 年開始
計算報酬率。在 2009 年初投入 1 萬，至 2021 年已獲得 4 萬 3 千元，
年化報酬率約 11.94％。雖然中間在 2011 年、2015 年及 2018 年
單一年度是虧損，但 ETF 被動投資要的是長線正報酬，賺取跟市
場一樣的獲利。2009 至今，以 2009 單一年度報酬率 32.65％最佳，
次佳年度為 2019 年的 26.82％，最壞的是 2018 單一年度虧損
9.76％。然而在 2019 及 2020 年，上漲幅度都有雙位數，所以不
需要擔心股價短期的下跌。

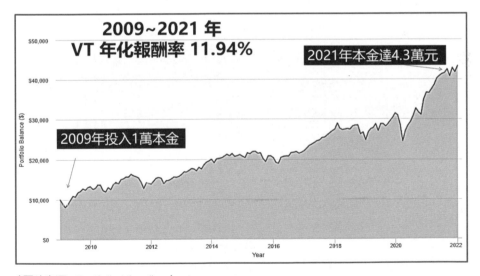

（圖片來源：Portfolio Visualizer）

● VT 股價與股息

　　VT 股價呈上漲趨勢，雖然在 2008 年金融海嘯跌幅比較深，因為是持有全世界知名公司，在海嘯之後股價也回穩，之後便一路上漲，**這樣的指數型基金適合長期持有，不用在乎短期一天或一年的漲跌**。2021 年 11 月的股價約 108 美元左右，在 YAHOO 可以隨時查看最新股價。至於股息，美股大多採行季配息，但 VT 股息不高。以 2021 年來看，截至 11 月總共發 3 次，約 1.9 美元股利，大約是台幣 53 元（匯率 28 元計算），相當少，因此不適合想要靠領股利的投資人，而在 YAHOO 也可以查看股利發放狀況。

VT 歷年股利		
年度	**股利(美元)**	**股利發放次數**
2008	0.203	1
2009	0.662	1
2010	0.918	1
2011	1.018	1
2012	1.139	2
2013	1.222	4
2014	1.464	4
2015	1.414	4
2016	1.456	4
2017	1.565	4
2018	1.659	4
2019	1.878	4
2020	1.536	4
2021(截至11月)	1.91	3

資料來源: YAHOO，資料時間: 2021.11

投資美股基金，
享受每年多賺 2% 的複利！

在 1926 年～ 2014 年間，長達 89 年，大型股年化報酬率 10.1％，小型股年化報酬率 12.3％，兩者只差 2％，但長期下來到底差別有多大呢？

答案是：5,200 萬與 3 億元的差別！

假設在 1926 年各投入 1 萬元

則大型股到了 2014 年便有 5,200 萬

小型股變成 3 億元

很驚人，差距竟然可達 5.8 倍的金額

千萬富翁與億萬富翁的差別，就在這區區 2％！

● 小差幅也要注意！不要忽略手續費的小金額

這邊另外提一下，很多人認為手續費才 0.1425％沒多少錢，常常短進短出，以一張股票 5 萬元來計算，買賣各一次手續費約

為 71 元 ×2 = 142 元，一天當沖一次，一年 200 次，手續費就高達 2 萬 8 千元，就算再打個折，一年手續費 1 萬也是跑不掉。

回到上段文字，在股市投入一萬元，持續到了 2000 年後就有數千萬元，所以**不要讓手續費剝奪你成為千萬富翁的機會**。

再把鏡頭拉回來今天要談論的主題，現在我們知道每年差距微小的 2%，長期累積會有讓你驚訝到下巴掉下來的獲利。

● 基本資料：產業分布、費用、股利

VB：追蹤美國小型股的指數

VTV：追蹤美國大型股的指數

✎ Vanguard Small-Cap ETF（VB.US）

中文名稱為 Vanguard 小型股 ETF

追蹤的指數是 CRSP US Small Cap Index

成立於 2004/01/26，主要投資地區為美國，投資標的為股票

✎ Vanguard Value ETF（VTV.US）

中文名稱為 Vanguard 價值股 ETF

追蹤的指數是 CRSP US Large Cap Value Index

主要投資地也是美國，以大型跨國企業為主

● 產業分布：VB 工業最多，VTV 健康照護、基礎材料最多

VB 持股的產業分布以工業類股約 19.2%，接著是金融股佔比

15.7％，第三大是消費性服務 15.4％，常聽到的科技類股位居第四名，約 12.5％。而 VTV 持股的產業集中在健康照護與基礎材料、消費性商品，分別佔比為 21.1％、18.7％與 13.8％，包含波克夏、嬌生、摩根大通等大型企業。

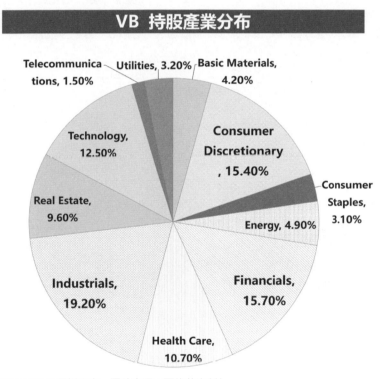

（資料來源：VTV 公開說明書，圖片來源：夏綠蒂自製）

● **手續費用**：VB 0.05％，VTV 0.04％

VB 跟 VTV 都是先鋒集團創立的，公司願景是幫客戶打造財

富，他們認為指數型基金可以讓投資者有高回報且低成本，所以 VB 費用僅 0.05％，而 VTV 更低僅 0.04％。假如你投資 1 萬美元到 VB，一年的費用只有 5 美元，VTV 只要 4 美元，都很便宜吧，讓我們再度向先鋒集團的創辦人柏格致敬。

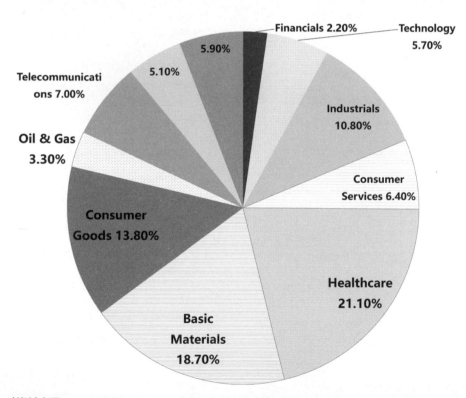

VTV 持股產業分布

- Financials 2.20%
- Technology 5.70%
- 5.90%
- 5.10%
- Telecommunications 7.00%
- Industrials 10.80%
- Oil & Gas 3.30%
- Consumer Services 6.40%
- Consumer Goods 13.80%
- Healthcare 21.10%
- Basic Materials 18.70%

（資料來源：VTV 公開說明書，圖片來源：夏綠蒂自製）

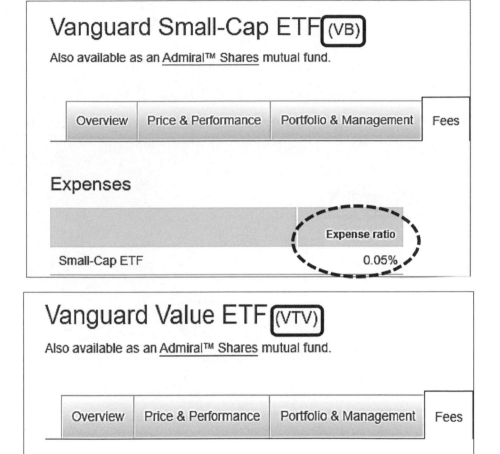

(圖片來源:VB 及 VTV 公開說明書)

● **殖利率：VB 1.32％，VTV 2.18％**

　　VB 及 VTV 都是季配息，據 ETF.COM 資料顯示，VB 平均殖利率約為 1.32％，VTV 高一點，約為 2.18％，跟台股一般常見的股票殖利率相比，美股顯然少很多，因為美股公司偏向發少少的股利給投資人，將大部分的資金留在內部好好充分利用。

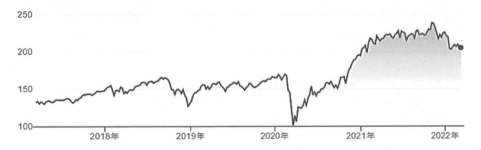

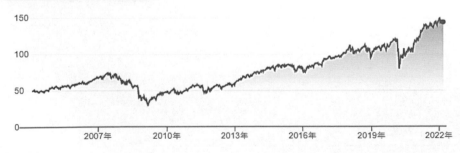

（圖片來源：Investment.com）

● 大、小型股的報酬率比較

　　回測 2005 年到 2021 年，從 2008 年後 VB 開始跑贏 VTV，VB 的年化報酬率是 10.10％，VTV 是 8.85％，**雖然說 VB 的年化報酬率比較好，不過相對的也要承受較大的波動。**以 2011 年單一年度來看，VTV 的報酬率為 1.11％，VB 竟是虧損的，為 -2.78％，長期來看小型股是贏過大型股，但也不要忽略小型股波動較大。

（圖片來源：Portfolio Visualizer）

● 40 年後兩者差距 153％

　　文章一開頭提到，於 1926 年～ 2014 年間長達 89 年，在 1926 年各投入 1 萬元，則大型股到了 2014 年便有 5,200 萬，小型股變成 3 億元。一般人或許沒有 89 年那麼長的投資期間，我們假

設從出社會開始計算到退休 40 年期間，在一開始各投入 1 萬到 VB 與 VTV，40 年後 VB 變成 32 萬，VTV 則有 21 萬，兩者差了 1.53 倍，資金越大差距會更明顯；若是投入 100 萬，40 年後就是 3,200 萬與 2,100 萬的差異了。不過也要切記小型股的波動高於大型股，投資人要衡量自身在股市能接受的震盪程度。

　　巴菲特曾說：「寧可顛簸震盪追求 15％的報酬，也不要平穩地賺 12％」。看似一年只差距 3％很少，但從上方例子已經得知在股市中，那怕是微小的 1％差距，也要錙銖必較。因此了解長期獲利會有很大的差別之後，投資人對波動的接受度也能提升，大小型股各有優缺點，若是年輕人，在資產配置中可以加入一些小型股；若是年長者，則大型股比重可以多一點，甚至不要有小型股也沒關係，如何借重大、小型股各自的優缺點，是投資人可以思考的地方。

Part 8

資產配置，
是面臨股災
最佳防禦！

巴菲特擅長的事情是—— 資產配置！

　　多數人會認為巴菲特股票操盤最拿手，因為他握有可口可樂、富國銀行等股票，長期持有這些股票，替巴菲特帶來龐大的財富，許多財經媒體都是關注巴菲特的「選股能力」，所以投資人也有這樣的認知。

　　就是因為許多大眾認為巴菲特只會選股，只關注價值持有的上市公司，價值選股其實只佔波克夏公司市值的 25％，另外 75％比重卻被視而不見，我們應該要關注的是：巴菲特整體的投資是如何操作，並加以學習借重。事實上，股票不是他所有的投資標的，還有其他資產，例如公債、私人企業等。

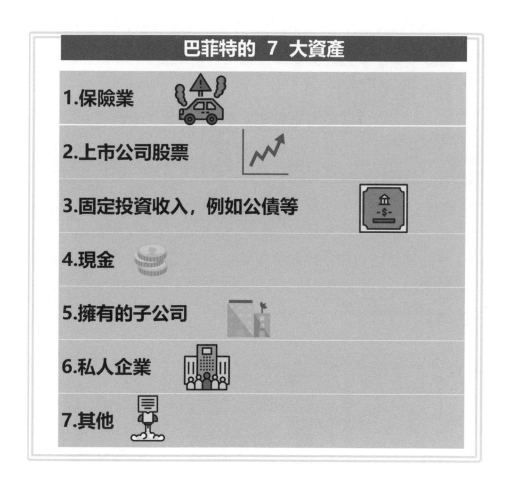

● 巴菲特最拿手的「資產配置」是什麼意思？

常常聽到資產配置，就是指投資人依照本身不同的情況，把資金分配到不同的投資項目，例如：股票、公債及現金等，在獲得理想報酬的同時，亦把風險也降低。債券是指政府、公司向民眾借錢的借據，上面載有發行年限與利率，投資人可以定期收到

利息收入，而巴菲特在債券這項固定收益的操作績效如何呢？

【舉個案例】

1983 年巴菲特買下華盛頓公共電力公司，公司股東對此舉大吃一驚，因為當時該公司有 2 座未完成的核能反應爐，累積了 25 億美元的債券沒辦法還，造成債券爆跌，損失大約 60％的價值，但同時公債殖利率飆升至 16％左右。

他說：「我看準以極低的價格購入此債券，儘管從信用評定上來看，它們具有高風險，但我們不能憑這些事情來判斷」，經過充分的調查與研究，巴菲特進場持有 1 億 3 千萬美元華盛頓電力公司的債券，1 年半後脫手時價格漲 1 倍。這就是巴菲特資產轉換的能力，公債獲利表現完全不輸股票。

● 投資能不能成功，資產配置佔 9 成因素

根據 Brinson Beebower and Singer 報告指出，投資要成功，資產配置佔了91％的重要因素，選股能力佔5％，進場時機佔2％，其他佔2％。因此可見資產配置有相當的重要性，巴菲特也善用「資產配置」，獲得巨大財富。

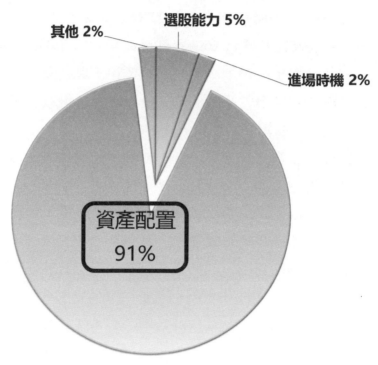

Brinson beebower and singer 財經學術報告

投資要成功，「資產配置」佔很大因素

其他 2%　　選股能力 5%

進場時機 2%

資產配置
91%

資料來源：Brinson beebower and singer 財經學術報告

● 資產配置的精華是「負相關」

　　先說明正相關，就是 2 項資產彼此方向一致，一起漲一起跌；而負相關就是 2 項資產方向不一定，一個漲另一個就跌，因此負相關能有效降低投資風險。

【舉個例子說明】

有 2 間公司，一家賣冰淇淋，一家賣羊肉爐，收入都很受天候的影響：夏天的時候，冰淇淋店營收 1,000 萬，到冬天卻只剩下 200 萬；羊肉爐店卻相反，夏天營收 250 萬，冬天卻飆升到 950 萬。投資人若持有這種公司的股票，心情會飽受影響，你若是投資人該怎麼解決呢？可以好好運用「負相關」，做出良好的組合，平衡淡旺季的業績波動，持股時心情會較為平穩，負相關扮演了穩定持股組合的要素。

那麼在投資上，各類資產投資回報相關性是如何呢？根據統計，「大型股」與「小型股」這 2 種資產，往同一方向移動的相關性高達 78％，比例非常高，這屬於「正相關」。而「大型股」與「公債」漲跌同步的機率，只有 24％，正相關程度較低，可以達到分散風險的目的。因此資產配置最理想狀態是負相關組合，例如公債與商品之間，同步移動的比例是 -14％，公債漲時，商品就會跌。

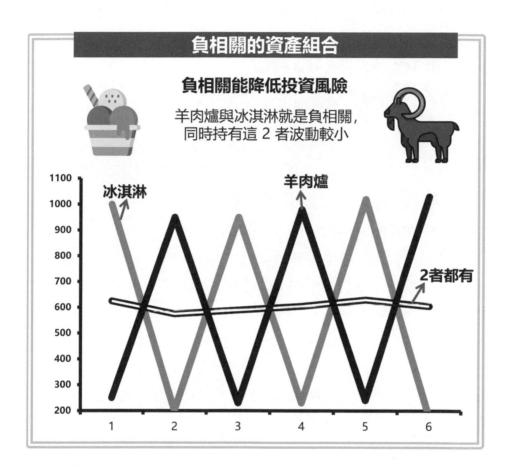

各類資產組合的相關性						
項目	原物料	房地產	國際型股票	美國小型股	美國大型股	美國公債
美國公債						100%
美國大型股					100%	24%
美國小型股				100%	78%	9%
國際型股票			100%	54%	67%	6%
房地產		100%	41%	41%	55%	17%
原物料	100%	-4% 負	-1% 負	-15% 負	-9% 負	-14% 負

資料來源：Ibbotson Associates

最佳資產配置，就是投資組合是「負相關」！

在上一章節中提到，資產配置佔了 91％投資成功的要素，將資金分配在不同種類的資產，降低風險且投資組合需要有「負相關」或是「低正相關」的標的，就像是同時擁有冰淇淋店與羊肉爐店，不管夏天冬天，整體營收都可以嚇嚇叫。在股市也是同樣的道理，持股組合同時有股票與公債，就是低正相關，股災來臨時，股價下跌，這時公債會上升，對整體資產就產生了保護力。

● 以 ETF 為例，投資人可透過資產配置，增加收益

現在有了「資產配置」以及「負相關」的基本認知，接下來就可以實戰演練，我們以 2 檔 ETF 為例。1 檔為 SPY，代表美國 500 家上市公司的指數型基金，成分股包括：微軟、蘋果、波克夏等。另 1 檔為 IEF，追蹤美國中期公債指數投資表現，指數會由剩餘期限在 7 年到 10 年之間的美國國債組成。從圖中可以發現，在 2008 年金融海嘯時期，股市大跌，微軟、蘋果等也不例外，因此 SPY 下降了 36.81％，非常可怕，但是 IEF 公債卻逆勢上漲了 17.91％，若是同時持有這 2 檔，你的投資組合波動不會太大，才

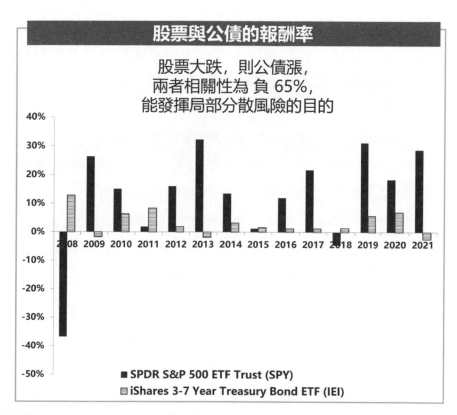

股票與公債的報酬率

股票大跌，則公債漲，
兩者相關性為 負 65%，
能發揮局部分散風險的目的

- ■ SPDR S&P 500 ETF Trust (SPY)
- ▤ iShares 3-7 Year Treasury Bond ETF (IEI)

（資料來源：Portfolio Visualizer，圖片來源：夏綠蒂）

能長期在股市生存。

● 做好資產配置，股市大跌也不怕

2008 年全球景氣很糟，許多人把全部身家全部投入在股票，
這時遇到股災，股票價格一直跌，看了都心絞痛，偏偏公司又放
無薪假，家庭的生活都出了問題，只能忍痛把股票砍掉賣出，先

支付家裡的費用。但在隔年 2009 年股價便大幅回升，許多投資人更是嘔氣，氣自己賣掉股票損失慘重，**如果當時有好好做資產配置，遇到大跌時，公債有獲利，可以賣出變現支付日常支出，或是想加碼股票也有一筆資金！**

　　上述那一張圖，在 2008 年公債確實保護了股票免於受重傷，但在 2009 年股票賺錢，公債卻是負報酬，這樣不就使整體獲利下降嗎？沒錯，搭配公債，在大空頭會保護資產，相對的在大多頭也會讓整體報酬率下滑。但其實長期來看，2 者的配置還是上漲，所以不用擔心公債吃掉你的報酬率，重要的是在股災來臨，公債可以保護你的資產，讓你在股市能長久存活！

（資料來源：Portfolio Visualizer）

● 在台股可以怎麼組合我的投資標的？

上述的例子舉的是美國 ETF，需要開美股帳戶才能購買，以台灣股市而言，可以買 0050，因為 0050 是追蹤台股前 50 間大公司，與美國的 SPY 性質雷同。債券方面，目前台灣股市陸續有幾檔債券型 ETF 可以選擇，主要都是追蹤美國公債，發行券商有元大、富邦等，下圖分享幾檔債券型 ETF。所以，你也可以打造自己的投資組合，台股→ 0050 ＋債券 ETF，美股→ SPY ＋債券 ETF（如 IEF、BND），股災來臨時也能保護自己，讓你能夠在股市長久存活，持續獲利！

台灣債券 ETF

代號	名稱	追蹤指數標的
00679B	元大美債20年	美國政府20年期(以上)債券
00697B	元大美債7-10年	美國政府 7 年~ 10 年期債券
00719B	元大美債1-3年	美國政府 1 年~ 3 年期債券
00695B	富邦美債7-10年	美國政府債券7-10年期指數
00746B	富邦A級公司債	彭博巴克萊美元公司債A等級9-35年發行人3%限制指數
00718B	富邦中國政策債	彭博巴克萊中國政策金融債指數

（圖片來源：夏綠蒂整理）

資產配置的要角之一：債券

　　談論資產配置的時候，一定會提到債券，在之前的內容也提到債券與股票的波動性。根據統計，大型股票可以上漲 50％，也可以下跌 30％；而長期債券跌幅 14％，漲幅可能 25％，兩者相比差距甚大，這也是為什麼公債有一定的需求，因為跌幅溫和許多。

● 世界重要的債券：美國 10 年期公債

　　前央行總裁彭淮南先生很注重的金融指標之一，便是美國 10年期公債，股市也常常因為聯準會（Fed）升息降息而產生波動，為什麼美國 10 年期公債會對經濟有那麼大的影響呢？因為美國是全球最大的經濟體，美元也是重要的國際貨幣，一旦全球金融體系出現危機，或是股市多頭將反轉，許多資金就會流向經濟強國美國市場，而公債又相較股票波動小，因此美國公債不失為一個避險投資標的。

● 什麼是債券？

債券是指政府、公司向民眾借錢的借據，上面載有發行年限與利率，投資人可以定期收到利息收入，到期的時候會把錢還給你。簡單來說只要債務人沒有倒閉，債券算是一項穩定收取利息的投資標的，常聽見的固定收益（Fixed Income）就是指債券。大部分的債券提供穩定、但不高的利息，利息的高低要看發行單位的信用，信用評等越佳利率較低，反之亦然。

● 債券的種類

債券通常是由國家或是公司發行，種類很多，

以發行單位區分：

1. 公債：把錢借給政府
2. 公司債：把錢借給公司企業

以風險區分：

1. 投資等級債 Investment Grade Bond
2. 垃圾債券 Junk Bond（或稱高收益債 High Yield Bond）

垃圾債普遍給人的印象不好，但股神巴菲特卻能好好運用，反而賺了一大筆錢，以下舉個小故事與你分享！

高收益債又俗稱垃圾債，根據惠譽信用評級公司顯示，1989年股市繁榮，而美國高收益債發行規模下降了近四分之三。垃圾

債在當時市場人見人厭，巴菲特卻在這時候買進「納貝斯克食品公司」的債券，當時此檔債券殖利率高達 14.4％，價格又被拉低，股神嗅到了獲利的良機，買進了 4.45 億美元的納貝斯克食品公司債券。不久後納貝斯克宣布以票面價格買回多數債券，2 年不到的時間，價格上漲 34％，獲利完全不輸股票的表現。

● 股市崩跌，債券成為最佳避風港

　　股市繁榮時，公債被唾棄沒有人要，但當股票市場一崩跌，資金就會轉移到債市或定存。以 2000 年～ 2009 年經歷了科技泡沫、金融海嘯，美股失落了 10 年為例子，右頁圖中可以看出股跌債漲，在資產配置中若有公債，則會對整體資產有保護作用，以免受到經濟太大的波動。圖表顯示**這 10 年間，S&P500 的年化報酬率為 -2.21％，而美債則有 1.99％**，如果當時投資人將資金全部重壓股市，可能會相當失落。

2000~2009 年美國的股市與公債指數

股票大跌則公債漲，呈負相關

資料來源：investing.com

● 我該怎麼投資債券？

　　0050 指數型基金，是一籃子幫你買進市值最大的 50 間公司，而公債 ETF 也是幫你買進一籃子的商品，只不過標的是債券。**美國公債中有分成短中長期，越短期的債券，通常殖利率會比較低，越長期的債券，通常殖利率就比較高。**跟銀行利率一樣，定存期間越久，利率越高，因為我們對越遠的時間點會產生不確定性。

　　如果發行機構不給更高的殖利率，就沒人要買。下方是美國政府公債，不同期間利率也不一樣，期限越長，則殖利率越高，但普遍都不怎麼高，主因是美債很安全。

美國政府公債：期限越長利率越高

Daily Treasury Par Yield Curve CMT Rates
03/04/2022

1 Month	2 Month	3 Month	6 Month
0.15	0.21	0.34	0.69

1 Year	2 Year	3 Year	5 Year
1.05	1.50	1.62	1.65

7 Year	10 Year	20 Year	30 Year
1.70	1.74	2.23	2.16

資料來源：U.S. DEPARTMENT OF THE TREASURY

● 認識 3 檔美國公債 ETF

　　許多綜合的債券 ETF 中，包含公債、公司債或其他類型的債券。這次先分享 100％的美國公債，短中長期各介紹一檔，根據不同的到期日，讓投資人可以擁有一籃子的債券，而且手續費用

ETF 代號	英文名稱	中文名稱	費用比例
SHY	iShares 1-3 Year Treasury Bond ETF	iShares 1-3 年期美國公債 ETF	**0.15%**
IEI	iShares 7-10 Year Treasury Bond ETF	iShares 7-10 年期美國公債 ETF	**0.15%**
TLT	iShares 20+ Year Treasury Bond ETF	iShares 20 年期以上美國公債 ETF	**0.15%**

也相當低！

● 時間到期後，怎麼替換債券呢？

以 IEF（3 ～ 7 年期）這檔為例子，可以想像你的資金分別買進 3 年、4 年、5 年、6 年及 7 年到期的債券，而經過 1 年之後，部份債券到期會剩下 2 年，這時候就會把期限短於 3 年的債券賣掉，再重新買入 7 年期的債券，讓手上的債券到期日都維持在規範的期間內。

● 3 檔公債的報酬率比較

在 2008 年的時候各投入 1 萬美元，到了 2021 年：

SHY 變成 12,233 美元，年化報酬率為 1.46％

IEF 變成 18,044 美元，年化報酬率為 4.31％

TLT 變成 24,265 美元，年化報酬率為 6.58％　（

從下圖中可以歸納出幾個結論：

1. 20 年期的 TLT 累積報酬率最高，但上下波動也最大。
2. 短期的 SHY 累積報酬率最低，但上下幾乎沒有波動，類似定存。

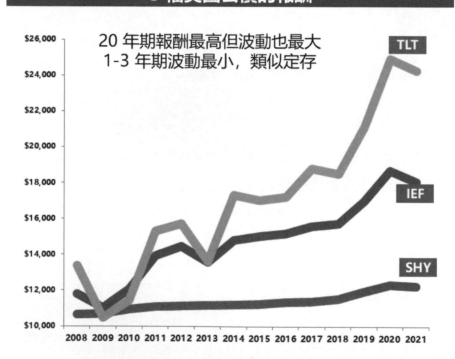

（資料來源：Portfolio Visualizer）

● 短中長期，哪一種公債好？

　　長天期的公債報酬率高，但也風險也較高，怎麼說呢？首先，要先知道**投資人可以買賣手上的債券，而債券價格會隨著利率高低或市場風險而變動。**

【舉例】

　　市場上有 20 年期公債利率為 2.5％，每 1,000 元可以賺 25 元利息，過陣子之後，債市又出現了新發行的公債，而且利率更高有 5％，此時每 1,000 元賺 50 元收益。這時候投資人一定會買新公債，因為殖利率較高，而舊公債的原本持有人必須要降低價格到 500 元才有辦法賣出，如果不想本金虧損，那麼舊公債的持有人得等 20 年期滿之後贖回，使資金被綁住無法靈活運用。

　　所以投資人在思考想要有固定收益的時候，別忘了債券價格也是會變動的，長天期公債利率較高，但折損本金的機率較大，因此資產配置中，搭配中短天期的公債較為穩當。

長天期公債分析	
(舊) 20 年期公債 2.5％	1,000 元可得 25 元利息
(新) 20 年期公債 5％	1,000 元可得 50 元利息
【結論】：投資人會買利率高的「新公債」，所以「舊公債」要賣出必須要折價，損失本金	

資產「再平衡」，
讓你遇到股災也不怕！

　　雖然把全部資金投入股票報酬最高，但相對的波動也越大，以右頁圖中最左邊來看，股票持有一年，最高報酬可以給你51%，但也能瞬間變成 -37%，讓你比坐雲霄飛車還刺激。今天晚上看到美國股市重挫，便開始擔心隔天自己的股票會不會也大跌……

　　這樣焦慮的生活很多人不喜歡，因此想要得到不錯的獲利，也不想承受太大的波動，那麼折衷方式便是股、債一起持有！

● 股債共有獲利及波動穩定，並執行「再平衡」

　　提到資產配置，最簡單的策略就是股債混和，可排除股市短期波動的不穩定性，同時又可享受經濟成長，而股債是負相關。但是常常遇到一個問題，股市大好，債券幾乎都是虧損，引的投資人心癢癢，很想即刻賣出債券。就如同**鐘擺理論**，當指針由靜止的中心點開始向右擺動，到了「極端最右邊」之後，便會往左邊移動，又盪到另一個極端。

　　投資也是一樣，沒有一種投資標的是會無限上漲，總是會遇

到下跌修正回檔的時刻。到底要怎麼做，才能讓資產買進低點的價位，如此一來景氣波動也不會讓股票或債券其中一項大虧損，便能抵消想賣出認賠的心態。

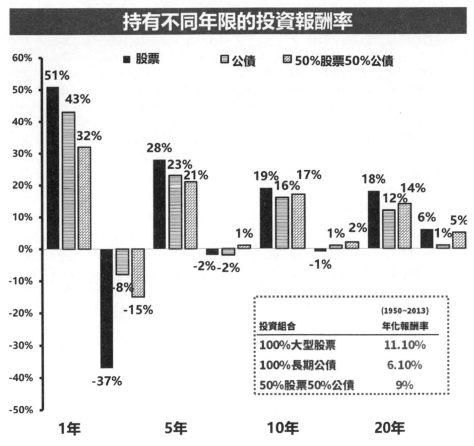

資料來源：JP Morgan 研究報告

● 什麼是「再平衡」？

再平衡就是決定好配置比例，每年進行動態移動。再平衡的作法第一步就是決定好金融商品的分配比例，標的有很多種，常見的有股票、債券，各要配置多少比重，則看每個人的風險承受度。

【例如】

我的本金有 100 萬，

以股票 50%、債券 50%作為資產配置基準，

所以我就會拿 50 萬買進股票，50 萬買進債券。

接下來會面臨市場變化，每一個投資標的會起伏變動，比重就不是原先設定的股債各 50%了。因此第二步便是將增值的資產賣出一些，轉入到價值減少的標的，**讓兩者的比重維持在 50%，這個動作就是「再平衡」。**

【舉個例子】

股票市值從原本的 50 萬下跌到 42 萬，債券從 50 萬漲到 52 萬。

股票佔總市值 42 萬／（42 萬＋ 52 萬）＝ 45%

債券佔總市值 52 萬／（42 萬＋ 52 萬）＝ 55%

比重已經不是原本的 50% VS 50%，

所以要執行「再平衡」。

詳細作法如下：

①如今總資產為股票 42 萬＋債券 52 萬＝ 94 萬

②再平衡後「股票」應該要有 94 萬 ×50%＝ 47 萬

③現在股票只有 42 萬，距離目標 47 萬差距 5 萬元

因此要賣出 5 萬元的債券部位，投入到股票，

如此便完成再平衡的動作了，是一種動態移動。

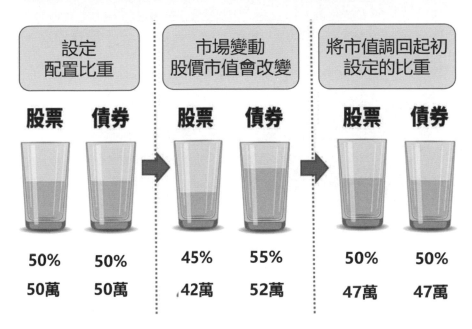

● 「再平衡」的精神，就是不管價格高低，最終都會回到價值

　　股票價格總會上下波動，上漲的股票不會持續漲不停，總有一天會向平均值靠近，反之下跌的股票也是如此。不過要特別注意一下，**均值回歸通常是指「整體市場指數」，像是 0050、SPY 等股票型指數基金，用在個股上就不適合了。**因為我們無法保證會有任何一間公司歷久不衰，就連百年公司柯達（Kodak）、手機巨頭的諾基亞（Nokia）如今從高處摔落。而指數型的股票、債券，是跟隨整體經濟，並不會有破產清算的風險，所以全書都是以指數型股票基金作為說明。

● 為什麼要執行「再平衡」？

（1）逢低加碼

　　我們已經知道市場會均值回歸，以上述的例子來看，股價下跌，股票市值跌落剩下 42 萬，這時候代表股票變便宜了，買進的股數也會增加，挪動債券的部分資金到股票，等到市場均值回歸後，手上股數增加，報酬率也能再提高。就好比我們可以春夏買進冬天的衣服，店家為了出清，這時候冬季服裝會變便宜，季節就像均值回歸，不會一直處於夏天，過了幾個月迎來冬天，那麼當初在夏季買的衣褲就能拿出來穿了，這樣的作法，遠比在冰冷的寒流來襲才購置衣服，費用要便宜得多。

（2）較不受波動影響，長期參與股市成長

逢低加碼、危機入市在股市大好鋒頭的時候人人都會講，自信滿滿的說只要再來一次金融海嘯，肯定會入場撿便宜。這觀念聽起來很容易，但是忽略了人的本性：「恐懼」與「貪婪」，因此要執行起來卻相當困難。如果你可以透過每年「再平衡」，並做到紀律性投資並且危機入市，大大降低恐懼和貪婪的問題，如此一來，即便遇到股市崩跌，也較不容易「畢業」，或是腰斬忍痛賣出，只要能長期參與股市的成長，報酬率幾乎都會是正獲利！

● 「再平衡」的作法：股債是負相關，各以 ETF 為標的

我們實際操作看看，有沒有再平衡的差別是什麼。股債是有負相關的，以標普 500 的 SPY 及美國 3 ～ 7 年期公債 ETF 的 IEI 為主角，以 1 萬元本金計算，股債分配比例各為 50%，再平衡只要每年底做一次即可。**2008 年金融海嘯 SPY 重挫 -36.8%，但公債上漲，是支撐著整體資金波動不要太大的功臣，當年度執行再平衡，股票可以買較低的價位，因此隔年大反彈，再平衡的本金增加 12.3%，且「再平衡」的報酬比「不做再平衡」多 3.6%。**

● 不做再平衡竟比較賺，原來是因為……

再平衡也不是一成不變，我們可以檢視一下接下來的圖表，圖表中可以看到，到了 2020 年，再平衡策略的資金是 24,748 元，

不做再平衡策略的資金是 24,533 元，顯示有再平衡的報酬率依舊比較高，但是差距已經逐漸縮小，甚至到了 2021 年，不做再平衡反而資金更多，這到底是怎麼一回事呢？主要是因為 2019～2021 年，SPY 表現太好，近年受到新冠肺炎影響全球經濟，FED 不斷降息，使得資金氾濫，畢竟放在定存利率已經不到 1％，有點概念的人都知道要把資金挪往更好的去處，因此你會發現 2020 年開始投入股市的新手很多，房地產也成交熱絡，降息推升股市往更高的方向，2019 年 SPY 的報酬率有 31.22 ％、2020 年有 18.37％、2021 年約有 23％，每年達到雙位數的報酬率非常難得，更何況是連續三年。

在股市獲利較好，然而到了年底要資金平衡挪到債券，也就是說把高獲利的 SPY，挪一些資金到獲利相對低一點的債券，當然就會使的整體本金會比「不做再平衡」還差一點。但你能說：「那我以後都不做再平衡了嗎？」也不是不行，只是剛好遇到股市大多頭，讓「不做再平衡」表現比較好，若今天情況相反，你又遇到一次金融海嘯，有做再平衡的話報酬率較高。

再看一次這張圖表，長期來看有做再平衡的報酬率還是比較高，且更重要的是讓你的整體資金波動不要太大。股市也不是每年都有雙位數的報酬率，為了讓自己在股市長期存活，風險遠比獲利重要。

債券的報酬率普遍比股票低，最大的功用是股市重挫的時候，債券通常會上漲，如此就能讓整體資金不要減少太多，若投資人想要有更高的整體報酬，可以減少債券的比重，也許股債分配可

年度	再平衡 (年底本金)	不做再平衡 (年底本金)	SPY 報酬率	IEI 報酬率
2008	8,799	8,799	-36.81%	12.79%
2009	9,885	9,537	26.36%	-1.70%
2010	10,941	10,488	15.06%	6.32%
2011	11,499	11,064	1.89%	8.30%
2012	12,524	11,931	15.99%	1.85%
2013	14,432	13,565	32.31%	-1.84%
2014	15,632	14,734	13.46%	3.17%
2015	15,858	14,944	1.25%	1.64%
2016	16,907	16,017	12.00%	1.22%
2017	18,844	18,105	21.70%	1.22%
2018	18,543	17,686	-4.56%	1.36%
2019	21,967	21,434	31.22%	5.70%
2020	24,748	24,533	18.37%	6.95%
2021	27,334	28,207	23.05%	-2.15%
年化報酬	7.49%	7.19%		
標　準　差	7.19%	7.71%		

資料來源: portfoliovisualizer.com，資料整理：夏綠蒂。

以是 70％：30％，這就要看個人的風險承受度了。

國家圖書館出版品預行編目（CIP）資料

「財經部落客」夏綠蒂的 ETF 商學院教你用一支股賺 3850 萬：只要一年買一次，保證避開地雷股的周公投資法！/夏綠蒂著. -- 新北市：大樂文化有限公司, 2022.03

192面；17×23公分

ISBN　978-986-5564-88-9（平裝）

1. CST：投資　2. CST：理財

563.5　　　　　　　　　　　　　　　　　　111002394

MONEY 053

「財經部落客」夏綠蒂的 ETF 商學院教你用一支股賺 3850 萬
只要一年買一次，保證避開地雷股的周公投資法！

作　　者／夏綠蒂
封面設計／蕭壽佳
內頁排版／思　思
責任編輯／周麗淑
主　　編／皮海屏
發行專員／鄭羽希
財務經理／陳碧蘭
發行經理／高世權、呂和儒
總編輯、總經理／蔡連壽

出 版 者／大樂文化有限公司（優渥誌）
　　　　　地址：新北市板橋區文化路一段 268 號 18 樓之 1
　　　　　電話：（02）2258-3656
　　　　　傳真：（02）2258-3660
　　　　　詢問購書相關資訊請洽：2258-3656
　　　　　郵政劃撥帳號／50211045　戶名／大樂文化有限公司

香港發行／豐達出版發行有限公司
地址：香港柴灣永泰道 70 號柴灣工業城 2 期 1805 室
電話：852-2172 6513　傳真：852-2172 4355

法律顧問／第一國際法律事務所余淑杏律師
印　　刷／韋懋實業有限公司

出版日期／2022 年 3 月 28 日
定　　價／320 元（缺頁或損毀的書，請寄回更換）
I S B N　978-986-5564-88-9